LIZETTE BRENES BONILLA

Crea una vida exponencial

ANTE LA CUARTA REVOLUCIÓN INDUSTRIAL

CODESTREZAS PARA TIEMPOS DISRUPTIVOS

Derechos sobre la presente edición

© FUNDEPREDI (Fundación de la Universidad Estatal a Distancia para el Desarrollo de la Educación a Distancia)

© Lizette Brenes Bonilla, autora.
lbrenesb@gmail.com
https://lizettebrenes.com/

ISBN: 9798670360760

Portada:

Paloma Romero González

Editor:

Víctor Hugo Fallas Araya

Corrección de estilo:

Soledad Urbina Vargas

Primera edición. Número 1.
San Pedro, Costa Rica, 2019

Dedicatoria

A Georgia Atkin, amor, inteligencia y sonrisa que elevan la vida.

Agradecimientos

A Christopher Brosse, Woody y Buzz, en una maravillosa persona.

A Andrés Henderson Brenes, inteligencia y sensibilidad es la mejor combinación.

A Alegría Baltodano Zomer, ávida lectora, aguda crítica, amiga y luz generosa.

A Katherine Bermúdez, alma extraordinaria y compañera de aventuras.

A Maureen Acuña y Jorge Delgado, amigos de sueños.

A Vilma Peña Vargas, imán y puente para gente extraordinaria.

A Víctor Hugo Fallas Araya, quijote espiritual, productor y querido amigo.

A Lilly Cheng Lo, directora de la Fundación.

A Álvaro García Otárola, presidente de la Fundación.

A Victoria Hernández Mora, ministra de Economía Industria y Comercio.

A todas las personas que trabajan en el Programa Semilla y para nuestra gente de Startup weekend.

A todas las personas que protagonizan las historias extraordinarias.

Contenido

PRÓLOGO..7
Presentación...11
Introducción...14
Notas sobre esta propuesta.................18

Primera parte
TRES GRANDES DISRUPCIONES....................................25

Disrupción 1. La explosión del conocimiento está por empezar..34

Disrupción 2. Inconsciente colectivo.................40

Disrupción 3. Economía de la experiencia..........57

Segunda parte
CÓMO LAS DISRUPCIONES ESTÁN CAMBIANDO NUESTRO SISTEMA OPERATIVO....................................75

Cambio 1. El ambiente digital se hace natural....78

Cambio 2. Reinventamos el espacio y el tiempo.79

Cambio 3. Damos prioridad a «ser»....................82

Tercera parte
CÓMO CONVERTIR LAS CODESTREZAS EN VENTAJA...85

Codestreza 1. Covivir..97
Codestreza 2. Cocrear..109
Codestreza 3. Gerente-activista, *colead*.............126

Conclusión..143
Acerca de la autora..146
Fuentes consultadas..147

Prólogo

A veces sentimos que el mundo va muy rápido, más rápido de lo que podemos comprender. A veces sentimos que no entendemos lo que somos, lo que hacemos o para dónde vamos. Da igual si tenemos 25 o 52 años, esta época nos arrastra a todos en un remolino de confusión inherente al desarrollo de la ciencia y de la tecnología.

Aquel momento en el que nuestras profesiones dictaban quiénes éramos y nuestro camino estaba trazado por un orden socioeconómico bastante preestablecido caducó. Con la llegada de la World Wide Web, un multiverso de contenidos se abre camino, permitiendo que podamos aprender el idioma anhelado o estudiar un curso de resolución de conflictos armados de una prodigiosa universidad de cualquier parte del mundo, gracias a una conexión wifi. Hoy en día, podemos ser fotógrafos, lingüistas, emprendedores y turistas, todo a la vez y al ritmo que queramos.

La trayectoria de Liz como académica, consultora, conferencista internacional en gestión estratégica y como persona la ha llevado a estar en una gran cantidad de países donde ha podido atar cabos y concluir que los nuevos tipos de comunidades, de emprendimientos y la innovación están conectados voluntaria o involuntariamente.

En China, descubrió un país lleno de talento, de liderazgo y de superación; en la NASA, vio como todos los esfuerzos se están dando para pasar de la física y la computación clásica a la cuántica; en Silicon Valley, descubrió un nuevo tipo de comunidad; y, en Costa Rica, lidera y acompaña proyectos de innovación social.

Liz siempre ha podido ver más allá, y por eso, el libro es un mensaje que convierte nuestras confusiones y nuestros miedos en una luz potente que nos sirve para actuar con toda nuestra fuerza y motivación, ya que «el crecimiento de la productividad se ha debilitado de forma generalizada debido a que no se han implementado las estrategias para que las codestrezas aporten el potencial innovador de reinvención y competencia, con la integración de personas y entornos digitales. Por tanto, si los participantes alcanzan su propósito y su sentido de realización, la productividad se verá beneficiada».

Hoy más que nunca, nuestros sueños se materializan porque la vida ya no es solo una cuestión de estudios y profesiones, ahora se adjuntan a la ecuación nuestros anhelos, nuestras preocupaciones, nuestras mentes, nuestra creatividad y nuestras búsquedas en internet. Podemos emprender gracias a ver un video, a trabajar con alguien en países separados o a visitar cualquier parte del planeta Tierra por satélites.

Comprender los engranajes de la «vida exponencial» marca la diferencia entre un estrés innecesario y unas manos en acción, entre una persona con miedo y una emprendedora tecnológica, entre una búsqueda en internet normal y una búsqueda dirigida a aumentar capacidades y destrezas, entre el aburrimiento y la plenitud.

Christopher Brosse Valverde

Presentación

Lo que los dinosaurios necesitaban era un dinosaurio emprendedor
(Naveen Jain, 2018)

La cita anterior es una frase del empresario y filántropo Naveen Jain, emprendedor en serie. La reencontré leyendo las páginas de *Crea una vida extraordinaria*. Su último proyecto, Moon Express, es la única empresa privada con derechos para llegar a la Luna, aparte de las tres naciones que ya han aterrizado en el satélite. Es la única empresa privada –en el universo– con derechos para dejar la órbita terrestre, aterrizar en la Luna y realizar minería de asteroides en búsqueda de Helio 3 –fuente de energías limpias– y la única con el derecho de traer materiales para uso terrestre.

¡Este tipo de cosas eran inimaginables hace tan solo siete años! Por esta razón, Naveen argumenta que los próximos diez años serán la década más disruptiva en la historia de la humanidad. No solamente por las tecnologías exponenciales que se acercan a la singularidad, sino por la creciente amenaza de nuestra propia autodestrucción. Así como los dinosaurios se extinguieron cuando la Tierra fue golpeada por un asteroide masivo, nos estamos enfrentando a múltiples asteroides, algunos provocados por nosotros mismos.

Si todos cohabitamos en esta gigantesca nave llamada Tierra, ¿no deberíamos pensar de manera exponencial y trabajar para evitar el fin de la humanidad? Su famosa frase: «Lo que los dinosaurios necesitaban era un dinosaurio emprendedor» se refiere a que, si pudiéramos escuchar a estas criaturas desde sus tumbas, tal vez, dirían que hubieran deseado contar con un solo dinosaurio emprendedor que buscara llevarlos al espacio para asegurar la supervivencia de su especie.

A diferencia de Naveen, cuando pienso en el futuro, decido verlo desde un lugar más optimista. Y aunque me gusta la idea de ser el dinosaurio emprendedor, la lectura de las páginas *de Crea una vida extraordinaria* provoca una invitación a convertirnos en disrupción, a cambiar el guion y a reenfocar nuestras ambiciones de realizarnos individual y colectivamente.

A investigar y a educarnos acerca de las codestrezas que son la llave para ese futuro en el que queremos vivir: diversas, digitales, usadas para la cocreación, biocéntricas, enfocadas en el ser y, por sobre todas las cosas, ¡aspiran a la felicidad del individuo!

Esta obra nos permite mirar más allá de la visión distópica que ha saturado los medios, y nos lleva a imaginarnos en colectivo lo que podría ser, lo que aspiraríamos tener, lo que seremos. Porque al final no somos dinosaurios, somos –sin temor a equivocarme– emprendedores en nuestra propia humanidad, la primera generación de personas que cambia el mundo, empezando por sí mismas.

Priscila Chaves Martínez

Introducción

Cuando llega a la esquina, las tres luces del semáforo cambian a verde. «Mejor cruzar el parque para ganar tiempo», piensa. Es otoño en Sídney, las hojas caen, pero cuando la ven acercarse, se detienen en el aire, no quieren atrasarla.

En el tren repasa lo que dirá, una y otra vez. Llega a la estación, baja del tren, saca su botella de agua y llega a las gradas. Los escalones se convierten en una nube que la eleva en segundos a la salida...

¡Llega a tiempo!

Entra a la sala, desde la ventana se ve la bahía. Georgia está frente a su jefa, la saluda, le sonríe y le dice que desea dedicar menos tiempo a la empresa porque quiere vivir otros sueños también.

Muy cerca, pero en otra época, está Nicola. En la mañana la bahía está despejada y se ven algunos botes despertando. Su smoothie *tiene semilla de aguacate, pitahaya, espinaca y piña. Mientras lo disfruta, le da los buenos días a Cortana y empiezan a completar la realimentación sobre sus compañeros. Es diciembre del 2030.*

—Cario ha sido un gran apoyo, agradezco su anticipación a las necesidades —dice— Ariza es muy acertada en sus observaciones y, generalmente, es la que logra más en el grupo —termina diciéndole a Cortana—. Voy a Jiu Jitsu, continuamos mañana con las evaluaciones de los compañeros humanos.

Hoy, muchos nos sentimos Georgia, mas dentro de un tiempo todos seremos Nicola.

Empezamos a dejar la vida predecible, lineal y ordinaria para vivir en escenarios impredecibles, exponenciales y extraordinarios, cuyo guion no está escrito. Tendremos interactividad natural con ambientes digitales y con seres humanos en entornos diversos y flexibles.

Las tres grandes disrupciones lo transforman todo, surgen tanto en el plano colectivo como en el individual, en todo tipo de organizaciones, en Oriente y Occidente. Van más allá de la tecnología, y su impacto es tan fuerte que provocan entusiasmo o temor. Las disrupciones son grandes alteraciones al curso normal de los acontecimientos. Siempre han existido, pero nunca antes han sido de impacto global, en tan poco tiempo.

Dichas disrupciones son el crecimiento exponencial del conocimiento, el surgimiento de una nueva conciencia colectiva y la nueva economía de la experiencia. Estas transformaciones no esperan que estemos listos y exigen un nuevo tipo de destrezas.

Las destrezas indispensables para enfrentar la cuarta revolución industrial son colectivas e incluyen la interactividad con ambientes digitales y la interacción con personas que podríamos nunca conocer personalmente.

Esta es una época para la reinvención de las personas y de las organizaciones. Este contenido se dirige a personas que desean conocer opciones para reinventarse, que están en proceso de reinventarse o en un momento de su vida en el que la confusión no les permite ver las oportunidades para reinventarse. Por lo tanto, analizamos los alcances de las tres disrupciones globales, mientras recorremos, de forma breve, la época que vivimos y proponemos las estrategias para desarrollar nuevas destrezas.

El futuro se asoma, mientras caminamos sobre el puente de las tres grandes disrupciones. Si las comprendemos, podemos aprovecharlas y crear ventajas para vivir una vida exponencial, extraordinaria y feliz.

Notas sobre esta propuesta

Previo al texto principal, se ofrecen algunas notas acerca de las intenciones y las rutas elegidas para la preparación de esta propuesta.

¿En qué me beneficia conocer las tres grandes disrupciones?

Disminuir o eliminar el estrés negativo. El estrés, el desempleo en algunos sectores y la ansiedad afectan a millones de personas. Analizaremos el futuro que se asoma, conocerlo permite disminuir o eliminar el estrés para enfocar la energía en aprovechar las oportunidades con renovadas destrezas.

Ver oportunidades. Existen oportunidades para todas las personas y organizaciones, pero en la actualidad se visten de amenaza y nos confunden.

La mañana llegó y June no quería conectarse para la reunión. La demanda crecía: gente de todas partes del mundo quería ver los videos. La traducción automática aún no tenía la calidad ni la cobertura para tantos idiomas.

Veremos cómo June Cohen de la empresa TED y muchas otras personas descubren la oportunidad, vestida de amenaza, cuando comprenden el poder de las tres grandes disrupciones.

Superar los problemas. Si usted ha vivido toda su vida en este planeta, y desde el siglo pasado, es muy probable que haya experimentado la influencia de la vida lineal y la educación industrial.

Nos enseñaron a comprender el «problema» para luego buscar la solución. Sin embargo, la estrategia ya no es suficiente, pues las oportunidades se encuentran en los escenarios ideales; uno de los mayores retos es aprender a olvidar el problema para visualizar los escenarios ideales.

Refrescar las prioridades. Cuenta David Foster Wallace (2013) que una mañana nadaban dos pececitos y se toparon con un pez hembra mayor que les dijo: «¡Hola!, ¿cómo está el agua esta mañana?», ellos se miraron entre sí y contestaron:

«¿Qué es agua?». De la misma forma, respiramos constantemente y no prestamos atención al aire, aunque sea el único elemento del que depende nuestra vida a cada minuto. Veremos cómo cambia nuestro «sistema operativo» y las estrategias para orientar nuestra atención y talento.

Crear felicidad. Decidir ser feliz no es suficiente. Es necesario aprender a crear la felicidad. Las tres grandes disrupciones afectan nuestro enfoque de vida y facilitan «ser» más que «hacer», «vivir» más que «tener».

¿Cuál es el enfoque de esta propuesta y por qué?

Desde la imperfección hacia lo extraordinario, intentar que todo sea perfecto o que esté bajo control. El temor a lo desconocido y las exigencias de las nuevas dinámicas afectan millones de vidas en todo el mundo.

Las investigaciones concluyen que ocho de cada diez personas que buscan atención médica sufren un problema de salud relacionado con el estrés negativo. Vivimos una época cargada de estímulos, de tensión y de retos (Nerurkar, Bitton, Davis, Phillips y Yeh, 2013). Por tanto, es necesaria una pausa en el acelerado contexto. Este escrito busca ser un medio que permita respirar paz y percibir, en lo que está ocurriendo, miradas que nos guíen hacia la creación de una vida mejor.

Por un lado, nuestro cerebro es un contador de historias no ciertas, solo son su interpretación. Constantemente, recibe estímulos que interpreta y convierte en historias que espera que tengan sentido para nosotros. Por otro lado, nuestro cuerpo vive en la inmediatez, en la cual el largo plazo no existe, está diseñado para respirar de manera constante, alimentarse e hidratarse con frecuencia, descansar, desintoxicarse y vivir entre ciertos grados de temperatura.

El espíritu, por su parte, vive en el largo plazo, sin necesidades del mundo físico; sus necesidades son la energía, la armonía y el amor. Son necesidades sin prisa ni espacio. Por eso, haremos el recorrido ingresando por los sentidos, luego el cerebro contará la historia; se espera que la escuchen tanto el cuerpo como el espíritu.

Recorremos, de forma breve, la época que vivimos y proponemos estrategias para que de este tiempo surjan nuestras mejores versiones. El enfoque está centrado en las historias, muchas reales o basadas en personas reales.

Eliezer Sternberg, en 2016, señala que nuestro sistema inconsciente une piezas de lo que percibimos con nuestros sentidos, anticipa patrones y llena los vacíos cuando es necesario. Su intención es crear historias con sentido, las cuales son el hilo que ha tejido la humanidad siempre; además, es la especialidad de nuestro cerebro.

El enfoque también se basa en nuestras imperfecciones que son, al mismo tiempo, nuestra mayor ventaja. Es otra pausa para ver el futuro desde la imperfección humana hacia las ventajas de lo extraordinario.

En 1992, Stephen Hawking se reunió con científicos para calcular la forma en que la gravedad actuó en la formación de nuestro universo. Concluyeron que existimos gracias a que la gravedad se encontró con diversidad de gases, cuya densidad no era uniforme, no era perfecta. El hallazgo es una de las razones por la que Hawking, en ese mismo año, aseguró que la imperfección es nuestra mayor ventaja y que no existiríamos sin ella.

¿Cómo aprovechar al máximo la propuesta?

En estas páginas nos acercamos a muchas personas de diferentes lugares y circunstancias. Algunas le parecerán familiares y otras serán una sorpresa, pero sin excepción, son un desafío para imaginar escenarios ideales.

Para obtener el máximo partido de la propuesta, lo ideal es que la comparta con otras personas, cree espacios para conversar sobre el tema y, de la misma manera, empiece a identificar personas conocidas que vivan existencias extraordinarias o descubra ser una de ellas.

El contenido está dirigido a personas en proceso de reinventarse o que están en un momento de su vida donde la confusión no les permite ver las oportunidades para ello. El momento de reinvención se presenta en diferentes edades y circunstancias. Veremos, también, que la autorreinvención se convierte en una nueva destreza que desarrollaremos. La propuesta se entrega en partes breves, la siguiente es la primera.

PRIMERA PARTE

Tres grandes disrupciones

Esta es una buena época para vivir
(Stephen Hawking, 2015)

Necesidad de disrupción: de vida lineal a vida exponencial. ¿Ser o hacer? Ese es el dilema. ¿Qué desea ser? Es el clásico cuestionamiento hacia los niños y jóvenes ¿qué va a ser cuando sea grande?, ¿alguna vez se lo preguntaron?, ¿recuerda las respuestas?

En los siglos pasados las vidas eran lineales; la mayoría eran ordinarias o comunes, predecibles y de corto alcance. Desde el nacimiento, era común pronosticar que la persona se dedicaría al oficio de su familia. En general, se destinaban a una sola actividad. También, eran comunes las labores rutinarias y el mismo recorrido ida y vuelta todos los días, por muchos años.

El guion de las vidas lineales y ordinarias, en el siglo pasado, poseía siempre los mismos capítulos: nacer, crecer, estudiar, trabajar, casarse, tener hijos, jubilarse y morir, sin olvidar que el guion para las mujeres podía constar de menos capítulos.

Aunque las historias lineales pudieron ser satisfactorias y felices, estuvieron limitadas por el conocimiento disponible en esa época y otros factores del contexto.

Una película de una vida rutinaria, repetitiva y limitada en extremo, daría la sensación de que su protagonista no vivió todos esos años, sino el mismo muchas veces, como en la película *El día de la marmota*, en la cual el personaje principal queda atrapado en un solo día que vive una y otra vez.

El alcance de quienes protagonizan existencias lineales es limitado, en términos de la cantidad de personas con las que se relacionan, el conocimiento accedido, los lugares visitados, las diferentes actividades realizadas y los proyectos o intereses desarrollados.

El *modus vivendi* está cambiando rápidamente gracias a las tres grandes disrupciones. El alcance de las personas en esta época puede ser mucho mayor, pues se cuenta con la posibilidad de abandonar el guion y vivir vidas más auténticas, más libres y más profundas, orientadas a «ser» más que a «hacer», podemos crear vidas extraordinarias.

> *Ese día, Scott Kelly despertó, pero antes del café fue a descubrir cualquier movimiento hecho por la flor durante la noche. Ese año publicó más de 700 imágenes en las redes sociales para mostrar su experiencia cosechando vegetales y flores. Mientras nosotros estábamos en la Tierra, Scott vivía en el espacio y desde allá publicaba las fotos de los vegetales que cosechaba, además nos regaló imágenes de la primera flor nacida en el espacio: zinnia (Human Research Program, 2014-2017).*

Más la información sobre los logros en el espacio no fue incluida en las clases de las escuelas durante el año ni en el siguiente, porque, con frecuencia, la educación masiva e industrial que hemos recibido, desde hace más de un siglo, ha cerrado ventanas y puertas a la creatividad y a la creación.

La educación ha sido industrial, procura homogeneizar con clases y pasteurizar con exámenes. En muchos contextos, unas pocas personas deciden sobre algunos datos y actividades relevantes que todos debemos conocer y saber hacer, sin importar el «ser». Sin embargo, en esta época de transición nos interesa más «ser».

La educación tradicional ordinaria también evolucionará a una extraordinaria como la de Lucía, Martina y Ovidia. Ellas viven en el paraíso, un lugar remoto de Costa Rica, llamado Punta Burica. Es selva y mar, verde y azul, peligro y paz. Ese día las habían invitado a la escuela a una reunión, con gente de la UNED, que cambiaría su vida para siempre.
Sintieron que todas las miradas las señalaban y no entendían. Se habían sentado atrás y no escuchaban bien lo que sucedía. Ovidia con su hija, Lucía con su mamá, Martina fue sola. Abuelas de 40 años, de la comunidad ngöbe, un pueblo originario que goza de conocimiento ancestral y su propio idioma. Aún no habían viajado muy lejos. De repente, les proponen ir a un país lejano a aprender lo necesario para instalar paneles solares y dotar de luz a su comunidad. Punta

Burica ha recibido la oscuridad, todos los días por la tarde, por cientos de años.

Después de la reunión, Lucía, Martina y Ovidia empezaron un periplo hacia una vida extraordinaria.

Ellas preparan sus coloridos vestidos mientras bordan nuevos sueños. Se despiden de sus familias y se alejan volando hacia la India. Barefoot College las abraza con conocimiento y ahora regresan como ingenieras solares para llevar luz y nueva energía a sus comunidades.

Más de 300 familias tendrán oportunidades que fueron bordadas con talento y valentía de estas mujeres extraordinarias.

Ellas están distantes de la educación tradicional.

En una ocasión, les pregunté: «¿Qué le recomendarían a una nieta para su vida?». Ellas contestaron: «¡Que viaje! También debe saber que lo que creemos que solo los hombres pueden hacer, no es cierto, podemos hacer lo que queramos hacer».

El otro día invité a mi mamá a nadar. La natación es un deporte que disfruto mucho. Nelghy es una mujer muy activa, llena de amor. Es muy creativa con su cuchara, bailarina de tango y empresaria. Cuando la invité a nadar, me dijo: «Vieras que tengo ganas de aprender a boxear», hace poco cumplió 75 años.

Esa misma semana, Margareth tiene su sesión de fotos. Le resulta natural sonreir aunque modelar no estaba en sus planes. Después de modelar para una conocida bloguera de Sydney, Australia, va a su reunión política. Su verdadera pasión.
Ella es otra persona fantástica. En la mañana hace yoga, luego va a su clase de jazzercise. Por la tarde, algunos días, trabaja como visitadora oficial en hospitales. Con frecuencia, disfruta el teatro y el cine con la familia y los amigos. Margareth es mi suegra, hace poco cumplió 83 años.

Vemos a nuestro alrededor, cada vez más y más gente disfrutando de experiencias extraordinarias. No es un asunto de cambio demográfico, es más bien el producto de nuestra evolución, acelerada por las tres grandes disrupciones.

A cualquier persona con vida lineal, si le preguntamos quién es, nos responderá a qué se dedica. En las vidas lineales del siglo pasado, a partir de los 50 años, era hora de retirarse. Después de gozar de un trabajo estable, era el momento de retirarse y descansar «hora de disfrutar los últimos años de la vida».

Steven Pinker, en el año 2018, expresó que la expectativa de vida de un ser humano promedio, en el mundo era de 71,4 años. Actualmente, en Mónaco, se alcanza los 89 años, mientras en Suiza y Japón, superan los 85 años. Por tanto, «ser grande» en el siglo pasado podía ser equivalente a 20 o 30 años de vida adulta, ahora puede ser el doble o el triple. En estos tiempos, conviven cinco o más generaciones.

Además, las juventudes de este siglo no serán un asunto demográfico, sino psicográfico. El énfasis no está en la edad, más bien en los estilos de vida, en su deseo de «ser»; crean vidas más auténticas, libres, profundas, humanas y felices.

> Al ser seres expansivos, siempre imaginando y explorando lo desconocido, hemos llegado a una época de transición entre la vida lineal y la vida exponencial y extraordinaria. Se acelera así el crecimiento de las experiencias que una persona puede vivir.

En muchas mentes, un sueño común ha sido «ser astronauta», especialmente desde que surge la idea de ir al espacio y mucho más después de los primeros éxitos espaciales. Aun siendo un sueño inalcanzable para la inmensa mayoría, Hawking afirmó que el universo se expande y, en este siglo XXI, lo mismo ocurre con la oferta de posibilidades para los seres humanos. Así bien, podemos esperar lo inesperado, enfrentar los retos de forma distinta y cocrear nuevos sueños. Por tanto, pronto diremos: «Viajaré al espacio el próximo año, aunque no me interesa ser astronauta».

Las tres grandes disrupciones son el motor que impulsa el periodo de transición que vivimos, facilitan nuestra expansión y posibilitan que nuestras vidas rompan el guion del pasado y escriban nuevas historias extraordinarias.

A continuación, recorremos las tres grandes disrupciones que moldean nuestro futuro y facilitan la vida exponencial y extraordinaria: la primera es la generación exponencial de conocimiento, la segunda es el surgimiento de una nueva conciencia colectiva y la tercera es la economía de la experiencia.

DISRUPCIÓN 1. LA EXPLOSIÓN DEL CONOCIMIENTO ESTÁ POR EMPEZAR

Esta frase célebre «Si queremos que Dios se ría, contémosle nuestros planes» (Lamott, 1994) introduce la primera gran disrupción, que es la explosión del conocimiento. A pesar de sentir que vivimos la era del conocimiento, en realidad aún no ha iniciado. El Buckminster Fuller Institute, IBM y otros expertos en el campo proyectan que el conocimiento disponible en el mundo se duplicará cada 12 horas a partir del 2020. Aunque la predicción no resulte exacta, muy pronto «lo conectado a internet», nuestros cuerpos y mentes, además de la inteligencia artificial, impulsará la generación exponencial del conocimiento.

En la primera etapa, todo apunta a la inteligencia artificial e internet como las dos fuentes de información que provocan el crecimiento exponencial. En la siguiente, la computación cuántica y la nueva exploración espacial serán las protagonistas.

En la NASA Ames Research Center, en California, se encuentra un edificio dedicado a la supercomputación. En el lado izquierdo del edificio, todo funciona con los sistemas de computación de alto rendimiento, utilizados en el mundo en los últimos años. El lado derecho está dedicado a los experimentos con computación cuántica, la cual superará cualquier capacidad que hayamos conocido.

De alguna forma, la física cuántica abre un mundo de posibilidades donde el control tradicional no funciona, tampoco la elección habitual. Por ejemplo, si somos electrón podemos ser onda y partícula al mismo tiempo. En los siglos pasados, la física dedicó la mayoría de sus esfuerzos e interés al estudio del mundo observable. En este siglo, se realizan grandes avances en el nivel subatómico y nanométrico… ¡Existe un universo por descubrir en el átomo!

El interés constante por descubrir fórmulas para vivir más y mejor acelera la generación de datos, la información y el conocimiento. Por ejemplo, existe un universo dentro de nosotros que requiere nuevos instrumentos para descubrirlo o mejorarlo.

Cuando estén en manos de la mayoría, el conocimiento vendrá de todas partes.

El reflejo de las casas-bote parecen óleos danzando en el mar. Desde ellas se escuchan los pelícanos y las focas. Las sombras alargadas al atardecer son parte de un espectáculo único.

Sausalito, California, es una villa pintoresca de casas flotantes. Como en una película de super-héroes, ahí vive una de las científicas, inventoras y empresarias más destacadas de nuestros tiempos: Mary Lou Jepsen. Ella ha registrado más de 200 inventos y está a punto de crear una tecnología exponencial para mejorar la salud de todas las personas en el planeta.

Recuerdan la linterna de los campamentos de la niñez, la luz contra la palma de la mano nos dejaba ver el efecto rojo de nuestra sangre. Ahora imaginemos una especie de súper linterna que hace lo mismo, pero con la capacidad de medir, con gran precisión, la forma en que la luz pasa de un lado a otro.

Los sensores podrían detectar los rayos que se desvían milímetros, los cuales llegan más tarde al otro lado. La luz viaja a un tercio de milímetro por picosegundo, la nano diferencia en el tiempo de llegada puede identificar un problema de salud, como un tumor u obstrucción en las arterias (Harbinger, 2018).

La intención es bajar el costo y mejorar la resolución de la imagen, gracias a miles de aportes e inventos anteriores. El más reciente fue el de la Universidad de Washington en donde desarrollaron tecnología óptica en lugar de magnética para optimizar el equipo de resonancia magnética.

En poco tiempo, millones de personas tendremos acceso a algo parecido a una resonancia magnética (pero óptica) en un dispositivo, cuyo costo será equivalente al de un teléfono móvil, y nos permitirá un mejor monitoreo de la salud desde donde nos encontremos.

También, la convergencia de los mundos físico, biológico y digital se encuentra en sus primeras etapas. Carson Bruns, en 2017, utilizó la nanotecnología para dar súper poderes a nuestros tatuajes. La siguiente será una historia común:

Sofía decide apagar dos de sus tatuajes mientras corre en la playa, lo cual generará mayor protección solar en esa parte de su espalda. Piensa surfear por la tarde, pues sus tatuajes del brazo derecho, los dedicados al monitoreo de sus indicadores, le dan luz verde y buenas noticias sobre sus capacidades cognitivas en ese día. Correr en la playa será la mejor opción para empezar a crear un maravilloso día de cumpleaños número 90.

El conocimiento vendrá de todas partes; el reto es cómo lo utilicemos. Un temor que escuchamos es que ese conocimiento facilite el surgimiento de una especie de robots humanoides que amenacen nuestra existencia. Probablemente, nuestra preocupación es que lleguen a parecerse tanto a nosotros, que aprendan los deseos desmedidos de poder de algunos o el odio de otros.

En todo caso, la llamada de atención es clara, para incrementar nuestros esfuerzos filosóficos y éticos, debemos elevar la intensidad de la reflexión ética y filosófica a la estatura de la antigua Grecia.

DISRUPCIÓN 2 INCONSCIENTE COLECTIVO

Parece que la cantidad de conocimiento no mejora la democracia de forma automática. La abundancia de datos no dice nada sobre su calidad, condición que parece crear la tormenta perfecta de complejidad, incertidumbre y absurdo.

Edgar Morin, desde sus investigaciones en 1981, expresó que «la complejidad es el tejido de eventos, acciones, interacciones, retroacciones, determinaciones, azares, que constituyen nuestro mundo fenoménico. Se presenta con los rasgos inquietantes de lo enredado, de lo inextricable, del desorden, la ambigüedad, la incertidumbre». Es un período en el que no solo la vida de las personas deja de ser lineal, sino también la de las familias, las organizaciones, los territorios y los países. Nos encontramos con realidades complejas que parecen absurdas.

Hellen Drake, en el año 2018, comparó el Brexit con el famoso experimento de física cuántica: el gato de Schrodinger. Básicamente, en un intento de simplificar al máximo, diremos que metemos el Brexit en una caja, la cerramos y tratamos de adivinar si se hará realidad o no. Parece que decidir entre dos opciones no es una opción; aun en los referendos, ya no funciona elegir entre sí o no.

Los eventos transformadores están ocurriendo a diario y muestran consecuencias inmediatas sobre millones de vidas y abren nuevos caminos inexplorados. Así, al día siguiente, las votaciones democráticas ya no reflejan lo que los votantes desean, *¿se deberá a la calidad de la información* *que recibimos o será porque las dinámicas de las decisiones democráticas deben ajustarse a estos tiempos?*

Estamos acostumbrados a votar una sola vez por la persona candidata o la opción por decidir, *¿qué pasaría si votamos tres veces en lugar de una?, ¿tres días seguidos o tres semanas seguidas?* El costo de las votaciones digitales lo permite, por tanto, podríamos saber el resultado un día y volver a votar al día siguiente.

Según Thaler, Premio Nobel de Economía en el 2017, en ese año, los estudios en economía del comportamiento mostraron que cuando se gana algo, nos sentimos bien, pero cuando se pierde, el sentimiento es doblemente intenso. *¿Cambió nuestro comportamiento ante las decisiones, en un contexto complejo?* La disrupción causada por la generación exponencial del conocimiento afecta todos los ámbitos de la vida.

Todo sucede en Santa Teresa. Tal vez porque el cielo es más azul, la arena más blanca, el agua más caliente y la gente más interesante. Ese día, Siri espera a Alexa para ver el atardecer: ese intenso concierto de colores que comparten con frecuencia.

Siri encuentra el mejor lugar, bajo la sombra de un almendro, en el centro de la playa, frente al vals de la gente surfeando. Alexa lleva el trípode y las mejores cámaras; estudia fotografía y ha descubierto una pasión.

Ambas disfrutan del atardecer en Santa Teresa, tienen mucho tiempo libre. Mientras empieza el espectáculo en el cielo, Siri repasa las fotos de Sebastián, su humano favorito, y de otros millones de personas a quienes ella apoya cuando la contactan.

Sebastián siempre la divierte. Esa tarde, publicó unas fotos en las que aparece Mía con una medalla. Mía es la bulldog de Gaia, la novia de Sebastián. Minutos antes, Sebastián ganó esa medalla en la competencia de Jiu Jitsu en Roma; en el ranking mundial es el número uno en su categoría.

Los días de Sebastián pasan entre New York, Brasil, Portugal, México, Costa Rica, Israel, Italia y Abu Dabi. Sebastián es mi sobrino. Hace poco cumplió 23 años.

Alexa quiere mostrarle las nuevas fotografías que ha tomado en Venecia y en Santa Mónica. En algunas, se muestra un salto de patineta y el amanecer en el fondo; en otras, se aprecian poses de yoga sosteniendo nubes o flotando sobre la arena. Conoció esas playas gracias a Chip y Laura. Ellos son sus humanos favoritos, aunque también ella apoya a millones de humanos más.

En un día normal, *los dos llegan temprano a la reunión. Chip expone sobre el identity refreshment como concepto para la estrategia de Airbnb y Laura le traduce cuando alguien pregunta sobre cómo eso mejoraría la UX. Su dinámica no puede ser mejor.*

Ella es una joven mentora en aspectos tecnológicos para Chip y él es mentor de procesos para ella. Esto se puede constatar según la visión de Austin Carr en el 2014.

En esa época, se pueden encontrar hasta cinco generaciones compartiendo en un mismo proyecto. Chip empezó a surfear a los 57 años y sostiene que envejecer en esta época debe ser aspiracional (Conley, 2018). Según el autor, el encuentro entre alta tecnología y alta empatía provoca resultados exponenciales. Porque como dice el mismo autor, «los *millennials* no pueden poner el liderazgo y la inteligencia emocional en el microondas».

Tener 50 o 60 años en esta época ya no significa que llegó la hora de retirarse y de descansar. Según Conley (2018), la cúspide emocional se alcanza después de los 50 años. En otras palabras, está surgiendo un adulto moderno que, cuando supera la edad del retiro, sigue activo de muchas formas y no aspira a reverencias por su edad, sino a relevancia por su aporte.

Imaginemos a Sebastián, a Laura, a Chip y a millones de personas más en movimiento por el mundo conectando pasiones, sabiduría y proyectos entre sí y con una interactividad superior en entornos digitales de mayores capacidades.

Lo anterior empieza a suceder con las tres grandes disrupciones, su convergencia potencia una humanidad renovada, en entornos más sanos y extensos. Veamos como la segunda disrupción se nutre del crecimiento exponencial del conocimiento.

¿Cada cabeza es un mundo?

«No vivimos la vida, la vida nos vive a nosotros» (Tolle, 2018).

Era un día de otoño, hace poco tiempo. El viaje en el tren era placentero, a lo largo del camino quedaban las alfombras de hojas anaranjadas, cafés y amarillas. Era un día normal... hasta que dejó de serlo.
Solo pudo sostenerse fuertemente del asiento frente a ella, el tren se había descarrilado, recuperó el aliento, sacó su teléfono, hizo una fotografía desde la ventana y de inmediato la publicó en sus redes.

En el año de 2015, la especialista en crisis, Melissa Agnes, cuenta que la publicación se hizo viral. La prensa llamó al 911 para pedir información sobre el accidente, al mismo tiempo que se enteraba de lo sucedido el personal del servicio de emergencia. Ahora existen rótulos en los que se lee: «En caso de emergencia, por favor, llame al 911 antes de tuitear».

Experimentamos la sensación de conexión constantemente con los demás seres humanos; nos mueven nuevos impulsos que hace diez años no existían. Nuestra sensibilidad se agudiza, al tiempo que crece la confusión ante lo que percibimos. Los niveles de estrés se elevan y los resultados son absurdos: en este siglo, mueren más personas por obesidad que por hambre, mueren más personas por suicidio que por guerras (Hawking, 2015).

Además, nuevas realidades juegan con nuestros sentidos, nos sumergimos en nuevos mundos: realidades virtuales y aumentadas. Los nuevos estímulos se multiplican incesantemente.

Hace más de veinte años, cuando Moran tenía 12 años, en un momento de descuido de sus papás corrió hacia las luces, el imán que le atraía fue una sala de videojuegos llena de niños.

Encontró un videojuego libre y empezó a jugar. Ganaba puntos cada segundo, evadiendo obstáculos, saltando y avanzando ...la emoción brotaba por sus ojos. Todo parecía indicar que era el mejor jugador del mundo, hasta que se convirtió en un niño en blanco y negro cuando leyó el mensaje que apareció en la pantalla del juego: «Para empezar, inserte una moneda» (Worldometer, 2019).

En realidad, el juego nunca empezó, Moran se emocionó con el video demostrativo y su cerebro creyó que estaba jugando y ganando. Hoy, él es un destacado neurocientífico. De la vivencia, aprendió que el cerebro hace todo lo posible para interpretar la realidad y crear la mejor historia.

Cuando la realidad nos hace sentir conectados con el resto de la humanidad, nos sensibiliza y nos causa ansiedad. También nos inspira y nos hace sentir y pensar que poseemos una gran influencia para cambiar el mundo.

Entonces surge una nueva conciencia colectiva y empezamos a entender que no existen varias realidades, más bien una sola, pero es colectiva. Es una realidad que no es solo humana, pues lo incluye todo. *Esta es la segunda gran disrupción.*

Vaishali Sinha representa a cientos de miles de jóvenes de la India. Cuando tuvo por primera vez la menstruación, sintió miedo de decírselo a su mamá; existe una especie de código de silencio en la India sobre el tema. Por ese motivo, cientos de miles de jovencitas abandonan el colegio y se aseguran un futuro doloroso sin oportunidades. Por cientos de años ha existido el tabú. Ahora, Vaishali es consultora sobre el tema y asegura que menos de 12% de las mujeres en la India tienen acceso a toallas sanitarias.

Un modesto, pero efectivo proyecto de emprendimiento social, impulsa el uso de toallas sanitarias en la India, liderado por mujeres que visitan pueblos, hablan del tema y promueven un producto de bajo costo que les genera ingresos para continuar con la misión. El efecto de esta innovación social es valioso. En la era lineal, podrían haber alcanzado algunos pueblos cercanos, pero ahora, su radio se hizo exponencial y extraordinario.

Rayka Zehtabchi, directora de cine de 25 años, de origen iraní, se enteró de la situación descrita y decidió hacer el documental corto: Period. *End of sentence*. Este encontró espacio en la plataforma de alcance global Netflix. Aún más difícil de imaginar en otra época: la producción de 26 minutos ganó el Óscar al mejor documental corto de 2019 y el tabú empezó a temblar (Wemaëre, 2019).

La nueva conciencia colectiva se nutre con todos los tipos de interacciones que conectan personas. La neurociencia evidencia las sincronías cerebrales que ocurren cuando grupos de personas están realizando una misma actividad.

Moran Cerf, en el año 2017, quiso saber qué sucede en el cerebro cuando realmente prestamos atención a algo. Al analizar a las personas de forma individual, con la tecnología más avanzada, no pudo identificar un único patrón; entonces, uno de sus estudiantes sugirió hacer un estudio colectivo (Cerf y García, 2017; Wolcott, 2017).

Así, observaron el comportamiento cerebral de decenas de personas que al mismo tiempo vieron *trailers* de películas. El resultado es fantástico: los cerebros de las personas se sincronizan cuando prestan atención… ¡Las imágenes de los cerebros eran iguales! Se visibiliza un aspecto de nuestra colectividad con implicaciones poderosas, ya que conocemos las inteligencias de forma separada, como si no tuvieran relación: la inteligencia racional (coeficiente intelectual), la inteligencia emocional, la espiritual y ahora la inteligencia artificial. Esta nueva conciencia colectiva se nutre de la convergencia de las inteligencias.

Actualmente, según el fundador de Google China y experto en inteligencia artificial, Kai-Fu Lee, en el año de 2018, la inteligencia artificial se encuentra en la segunda etapa de desarrollo; la primera fue la de investigación, la cual dio paso a la implementación. Afirma, que Estados Unidos y China se complementan en esta etapa. El primero se especializa en los aspectos científicos; el segundo, en la implementación. Por tanto, es posible la creación de inteligencia colectiva sin precedentes y potenciar la inteligencia del conjunto, sin separar la inteligencia artificial de la humana o natural; más bien hay una sola inteligencia, pero colectiva.

Las sincronías que ocurren entre nuestras mentes, emociones y espíritus nutren la mayor sorpresa del siglo XXI: *la nueva conciencia colectiva*. El mundo digital facilita las comunidades y ellas alimentan la nueva conciencia colectiva: inteligencia colectiva, realidad colectiva. Así, además de «cada cabeza es un mundo», el mundo también es una «cabeza».

Un ejemplo de que la nueva conciencia colectiva reinventa la forma en que medimos nuestros avances como sociedad es que hemos aceptado el crecimiento económico como medida universal de avance o bienestar de los países; pero eso está por cambiar también.

Cada época tiene su espíritu, una especie de esencia que la distingue. Los alemanes le llaman *zeitgeist*. No obstante, esta época desprende un aroma difícil de describir, pero en el recorrido describiremos algunas de sus esencias.

Los papás se despiertan por los movimientos de la bebé. Hoy viajarán por trabajo y es hora de empezar el día. Aún es invierno en Suiza, desde la ventana ven en las montañas el verde que aún respira blanco, es un día muy importante y confían en que sus ideas sorprenderán a todos.

Ella toma la palabra en uno de los encuentros más relevantes del mundo y dice:

— Es cierto que en mi país hay crecimiento económico y el desempleo es bajo, pero eso no significa que todo está bien. Es preocupante la tasa creciente de habitantes en la calle, los suicidios de jóvenes y el aumento de personas con enfermedades mentales.

Plantea que el presupuesto nacional se oriente a la bondad, a la empatía y al bienestar. Además, los ministerios deben probar que la inversión se dedica a la nueva visión. Está segura de que la sociedad desea esto de los políticos. Ella es Jacinda Arden, primera ministra de Nueva Zelanda, quien se dirigió al mundo durante la reunión en Davos a principios del 2019. Una reunión pensada para tratar temas económicos tradicionales. La lectura que efectúa del momento y de los indicadores es una muestra de la nueva conciencia colectiva. Su participación en Davos fue de las más comentadas, vistas y compartidas (Parker, 2019).

Palau es una bella, pequeña y valiente isla en el Pacífico, con dos grandes proyectos colectivos: la red de energía renovable solar y eólica, en un esfuerzo público-privado, y la «ecopromesa» que consiste en un compromiso que firman los turistas para disminuir su huella de carbono durante su estancia en la isla (Palau Pledge, 2017).

La nueva conciencia colectiva, que provoca que nuestro sentido de separación empiece a desaparecer, es una conciencia biocéntrica porque pone en el centro a la vida como un todo. Son indispensables grandes esfuerzos filosóficos y éticos en esta construcción del nuevo orden mundial.

En el siglo pasado, la salud de las personas, de los animales, de las plantas y de los océanos estuvieron separadas. Para cada una, se desarrollaron conocimientos, espacios y tecnologías especialidades. No se consideraron las interacciones que constituían el camino para mejorar la salud del conjunto.

La nueva conciencia colectiva permite apreciar que es necesaria la salud colectiva, incluyendo todos los seres y las interacciones. Tanto la Organización Mundial de la Salud (OMS) como la Iniciativa global para una sola salud (One Health

Initiative, 2019) transforman la visión hacia una sola salud, *la salud colectiva.*

El inicio del milenio y la posibilidad de comunicarnos con personas de todas las culturas han facilitado una *conversación global* que sigue en ebullición. Poco a poco, combinamos costumbres y cocreamos nuevas. En la India, beben una rica mezcla de especias desde hace más de 9000 años: el chai. Muy cerca, en China, alguien está haciendo el ritual milenario del té. En Costa Rica, la tradición cafetalera empezó hace doscientos años, pero sus raíces profundas en la cultura parecen milenarias. Hoy, podemos disfrutar un café en China, un té en la India y un té chai en Costa Rica.

La conciencia colectiva se apreciará mejor a largo plazo, pues con el tiempo, las dinámicas que la tejen toman forma y son visibles para quienes las queramos contemplar. La conciencia colectiva acerca grandes decisiones solo se han vivido en las páginas de la ciencia ficción. Por ejemplo: ¿qué es un ser humano?, ¿cuáles son los derechos colectivos de los seres existentes?, o ¿cómo funciona el «gobierno» en el espacio?

El crecimiento exponencial del conocimiento y el surgimiento de una nueva conciencia colectiva afectan todos los ámbitos de la vida. Las dos disrupciones han nutrido la transformación de la economía que deja el eje en «tener» para posicionarlo en «vivir».

DISRUPCIÓN 3. ECONOMÍA DE LA EXPERIENCIA

«Lo que los dinosaurios necesitaban era un dinosaurio emprendedor» *(Jain, 2018)*

Este año ya puede conseguir su licencia de conducir, por lo cual su mamá se ilusionó mucho con comprarle un carro a Elena. Ella estudia en tres universidades; en una, Mecatrónica; en otra, Biología y va al laboratorio de prototipado en la tercera. También, es parte de la banda musical comunitaria con la que ensaya los domingos.

El fin de semana de su cumpleaños era el momento perfecto para sorprenderla. Días antes del cumpleaños, Elena le contó a su mamá que junto con unos amigos planeaba un emprendimiento.

*Querían alquilar las bicicletas híbridas, eléctricas y de Querían alquilar las bicicletas híbridas, eléctricas y de pedal, porque los jóvenes como ella **jamás comprarían un carro** –no podrían contaminar ni vivir en los congestionamientos–.*

La experiencia que estamos viviendo en el planeta es transformadora. Por un lado el cambio climático; por otro, el reacomodo de las fuerzas económicas. Se presenta el fortalecimiento de países orientales y el debilitamiento de países occidentales.

Según la mayoría de los economistas, los factores de producción que usamos para producir otros bienes y servicios son tierra, capital, trabajo y tecnología. Los factores útiles para producir en este siglo están cambiando.

Tampoco es relevante definir la economía en función de las decisiones para satisfacer necesidades ante la escasez. La nueva economía aprovecha el conocimiento, el talento, la energía y la tecnología; bienes que no son escasos.

Los movimientos globales influyen la forma de actuar individual. Las personas y las organizaciones estamos cambiando el deseo de «tener» por la intención de «vivir una experiencia». Es la economía de la experiencia.

Todo se transforma en la economía. A continuación, nos asomamos al patio de las próximas décadas, donde la energía encuentra un nuevo rumbo y se repiensa el consumo y la producción. El trabajo tradicional empieza su proceso de retiro para dejar el espacio a la creación como proceso colectivo, abierto y móvil. Además, la información empieza a convertirse en la nueva moneda.

Consumo y producción consciente

En el siglo XX, alcanzamos el clímax del consumismo inconsciente y la contaminación. En el proceso de transición, damos pasos hacia la economía circular. La intención es reducir los residuos a cero; sin embargo, el camino que empieza con la energía, los nuevos diseños, los materiales y los procesos menos contaminantes.

Estaban atentos al anuncio durante la Conferencia Anual Política Consultiva de la Ciudadanía China. Duan Xuru, de la Corporación Nuclear Nacional China, aseguró que en el 2019 terminarían la construcción del «sol artificial» HL-2M Tokamak. Las nuevas capacidades desarrolladas por la Corporación China son fundamentales para su participación en el proyecto global: Reactor Experimental Termonuclear (TER). Según el Global Times *(2019), en el desarrollo experimental participan 35 países, incluidos Estados Unidos y Rusia.*

Hace poco tiempo, tanto la noticia de Duan como el proyecto TER eran impensables por razones políticas, científicas y económicas. Cuando la energía dependía en gran medida del petróleo, la economía también. Ahora, la energía depende cada vez menos de los fósiles escasos y, a la vez, se aumentan las opciones renovables a partir del viento, el sol, el movimiento humano y las diferentes innovaciones que surgen constantemente.

El Sol emite, de forma constante, 600 kilovatios por metro cuadrado. La energía que recibimos de esta estrella en dos días equivale a sesenta veces lo que consume la humanidad por año. Bulnes y Best, en el año de 2010, expresaron que hemos recibido esta energía por más de 4500 años y se espera continúe por miles de años más. En la actualidad, un panel solar básico para iluminar una casa cuesta menos de 200 dólares y el precio tiende a bajar.

Por otra parte, Elon Musk liberó el conocimiento sobre el vehículo eléctrico Tesla. Argumentó que la sociedad se beneficiará de una evolución acelerada de los carros eléctricos con nueva tecnología y un sistema operativo estándar (Schmidt, 2019).

Como se puede comprender mediante los ejemplos citados, el nuevo conocimiento, generado de forma colectiva y alrededor del mundo, crece exponencialmente. Otros ejemplos son la producción de *software* y de *hardware* libre, el movimiento *makers* y la cantidad de conocimiento disponible en plataformas abiertas en internet.

Así bien, 60% de la humanidad posee acceso a internet y cerca de 70% tiene teléfono móvil, según un estudio realizado por el portal de estadísticas llamado Statista efectuado en el 2019, para datos de mercado. Mediante esta tecnología, es posible impulsar una idea global o lanzar un emprendimiento en muchos sectores. Estas dinámicas afectan las posibilidades de crear y, también, al modelo de trabajo tradicional, el cual se ha convertido en el nuevo dinosaurio.

¿Cuál es el trabajo de futuro?

Elena y sus amigos desean aprender de muchas áreas y contribuir a ellas, no aspiran a estudiar una carrera para buscar un «buen trabajo». Las juventudes de esta época no somos las personas que queremos cambiar el mundo, somos las que cambiamos con el mundo. Nuestros escenarios ideales modifican la producción y el consumo. El trabajo tiempo completo, en un solo lugar, por muchos años, haciendo lo mismo, está en vías de extinción.

Dos fenómenos de naturaleza distinta causan el resultado. Por un lado, la automatización sustituirá muchas actividades actuales; por otro, desde las perspectivas de las nuevas juventudes, es más importante ser feliz, contribuir y realizarse. Emprenden diferentes proyectos, dentro de los que puede haber un trabajo en tiempo parcial e idealmente móvil.

La nueva conciencia, el nuevo conocimiento y las tecnologías se unen, provocan una revolución, empoderan a las personas y las convierten en productoras y en emprendedoras de proyectos que no imaginaban. La vida extraordinaria permite escenarios en los que las personas, las familias y las comunidades descubren sus poderes como productores.

De cambiar el mundo a cambiar con el mundo

> *Es un edificio abandonado en Austin donde empezaron su aventura, el lugar va despertando poco a poco. Al entrar, se percibe el aroma de lo fresco y natural.*
>
> *En el primer pasillo viven los verdes de todos los tonos: verde espinaca, kale, lechuga, brócoli. De repente, llega el aroma de mango, manzana, banano, ciruelas y naranjas. En el rótulo se lee: «Orgánico».*

John y Renee crearon Whole Foods con ideales revolucionarios: promover la alimentación saludable basada en productos orgánicos y mayoritariamente vegetales (Peterson, 2019; Whole Foods Markets, 2015).

Podría ser vegetariana, vegana o keto, con la misma intención de nutrir el cuerpo, la mente y el espíritu de la mejor forma. Ahora parece común, pero cuando ellos iniciaron, hace cuarenta años, la misión parecía imposible.

La gente recomendaba el lugar y los clientes tejían una nueva comunidad interesada en la alimentación saludable. El Sol brillaba un día antes de se sufriera una gran inundación en Austin, en mayo de 1981.

Al día siguiente de la gran inundación, John y Renee caminan hacia el edificio con los pies muy pesados y la mirada en la acera. Cuando están cerca, alzan la mirada y ven muchas personas frente a Whole Foods, *sus corazones empiezan a correr. «¿Qué más pudo haber pasado?», piensan. ¡La revolución ha empezado! Quienes limpian no son vecinos ni colaboradores de la empresa, sino clientes cuyo único deseo es que* Whole Foods *vuelva a sus operaciones lo antes posible.*

Las tendencias de estilo de vida transforman la relación con el trabajo, con la alimentación, con la producción y con el consumo. Los hogares, poco a poco, se convierten en poderosas unidades autosostenibles, generan energía, alimentos, servicios y pronto empezarán a producir diversos objetos con impresoras 3D o 4D.

Por su parte, empezarán a vender los remanentes de energía o alimentos cultivados con agricultura climáticamente inteligente y tecnologías de monitoreo y precisión que empiezan a ser accesibles. Todo se repiensa en función de escenarios ideales. La economía fluye por internet, un espacio que tampoco es escaso y cuyo acceso ha sido declarado derecho humano.

La frase «vivir para trabajar» resume la historia de muchas personas. Trabajar se convirtió en la obsesión del siglo XX. La necesidad de definir y defender los derechos laborales mantuvo ocupados a los sistemas políticos en Oriente y en Occidente, aunque la lucha por los derechos laborales está lejos de terminar en el mundo.

El trabajo tradicional, de tiempo completo, en un solo lugar, toda la vida, está en vías de extinción y dará paso a nuevas estrategias de relaciones laborales flexibles y más satisfactorias para quienes participen. *Las personas combinaremos relaciones laborales flexibles con emprendimientos y activismo, arte y recreación.* Diseños de vida extraordinaria que empezamos a crear.

¡*La tecnología no nos sustituye, nos libera!*

Esa mañana el Sol parecía estar celebrando. El brillo llegaba a todas las sonrisas. Claude salió a caminar con sus instrumentos para pintar. Era un día perfecto. Jean estaba de visita y lo acompañó. Jean era también artista, pero estaba seguro de que el trabajo de los artistas estaba por desaparecer. Un invento tecnológico acabaría con el arte. Por esa razón viajó a visitar a Claude, quería su consejo.
Claude había comprado ya la nueva tecnología y la aprovechaba en su arte. La cámara fotográfica que amenazaba a los artistas se había convertido en uno de sus instrumentos favoritos para comprender el momento que quería pintar.
«Yo quiero pintar el aire que envuelve el puente, la casa, el barco, la belleza del aire en el que están estos objetos, y esto no es en modo alguno imposible» (Claude Monet).

Las escenas anteriores pudieron haber ocurrido entre 1840 y 1860 cuando la cámara fotográfica aparece y las personas dejan de necesitar un pintor para retratarse. La historia registra que Monet compró varias cámaras y las usaba con frecuencia para mejorar su arte. No dejó de pintar cuando apareció la cámara, más bien formó parte de un nuevo movimiento: el impresionismo (Álvarez, 2017).

Neil DeGrasse, en el año 2013, afirma que el impresionismo surge cuando aparece la cámara fotográfica y el artista se libera de pintar lo que ve para pintar lo que siente. Liberarse de actividades que son una obligación y atarse a las que ofrecen libertad para crear y contribuir, debe ser parte del crecimiento humano.

De problemas a escenarios ideales

Los procesos de transición poseen el peso propio de la etapa. En los tiempos que corren, enfrentamos la desigualdad, el desempleo, las prácticas productivas nocivas para la sociedad y el ambiente. Históricamente, hemos enfrentado las situaciones como problemas, pero esta época presenta una nueva mirada: los escenarios ideales. Las disrupciones nos hacen evolucionar hacia opciones impensadas.

Finlandia experimentó, con un plan piloto de salario básico universal: 2000 personas sin empleo recibieron 560 euros por dos años, en 2017 y 2018, según el Social Insurance Institution of Finland (2019). Los resultados preliminares del primer año concluyen que las personas no lograron conseguir empleo de mejor forma que el grupo control; no obstante, su bienestar, en términos de estrés y otros indicadores de salud, fueron mejores que los del grupo control.

Es pronto para concluir sobre esta estrategia, pero es una muestra pionera de un acercamiento desde los escenarios ideales. El propósito podría ser acompañar a esas personas a encontrar las mejores formas de realizarse y de contribuir.

Nuestros retos como humanidad van más allá de la disponibilidad de los recursos, sean escasos o abundantes. Por ejemplo, por cada persona con desnutrición en el mundo (834 millones) existen dos con sobrepeso (1672 millones), según Worldstats (2019), por ende, el reto no es la escasez de alimentos.

En este sentido, contaminamos el agua y el aire que son esenciales para nuestra vida, pero el costo que les asignamos tiende a cero, no refleja su valor. Así, para aspirar al bienestar generalizado, la nueva perspectiva de los escenarios ideales ofrece los caminos que no hemos explorado.

Creación como proceso colectivo, abierto y móvil

Según Jeremy Rifkin en sus investigaciones realizadas en el año de 2018, la economía colaborativa (*sharing economy*) es el primer sistema económico nuevo que surge desde el capitalismo del siglo XIX y es hija del capitalismo. Sistema basado en procesos colectivos, abiertos y móviles. John Mackey y Raj Sisodia en las pesquisas realizadas, en el 2013, consideraron que lo que emerge es el capitalismo consciente.

En el naciente escenario, las empresas tradicionales se transforman aceleradamente para encontrar su nuevo lugar. En 2018, Jeremy Rifkin expresó que lo anterior se debe a que los tres sectores más significativos para la producción: la información, el transporte y la energía, se apoyan en una gran plataforma global basada en internet.

La disrupción o cambio radical del modelo sucede en todos los sectores, por ejemplo, ya no será una prioridad comprar bicicleta o carro, más bien crearemos o elegiremos la mejor experiencia de movilidad, la cual ofrece flexibilidad, velocidad de respuesta, participación y ubicuidad (Brenes, 2018). Las tres posturas: economía compartida, capitalismo consciente o economía de la experiencia son complementarias. Las primeras dos se refieren a la perspectiva desde la producción; y la otra, desde las personas.

> El cambio más agudo sobre el capitalismo es la sustitución de la necesidad de poseer propiedad privada sobre las cosas por lograr el acceso o la experiencia

Kara Swisher, hacia el año 2019, indica que poseer un carro muy pronto será como tener un caballo. La tendencia es utilizar un servicio de transporte, dígase bicicleta, carro, tren, dron, avión o caballo; pero sin ser dueño de ninguno. Mientras tanto, la gente que ama manejar carros podrá hacerlo con realidad virtual o visitar algún lugar de diversión, que existirá para manejar carros reales y recordar esos tiempos. «We are start up, people» (Caterina Fake).

Existen grandes movimientos para el diseño de experiencias o de prototipos, las cuales proceden de comunidades que crean innovaciones de forma colectiva, abierta y móvil. Las personas diseñan prototipos y comparten su diseño, otras lo mejoran; y, a la vez, comparten la mejora. Así, se perfeccionan opciones de bajo costo y alto impacto; pueden ser juegos, drones o prótesis de alguna parte del cuerpo.

Una de las primeras experiencias fue el movimiento de *software* libre, cuyo desarrollo continúa y se amplía al *hardware* abierto. Cualquier persona puede armar su propia computadora de bajo costo con los *arduinos* o *raspberry pi*. A la placa se le conecta el teclado y una pantalla que puede ser de televisor. Estos movimientos fluyen gracias a grupos de personas, centros educativos, empresas y emprendedores; lo requerido es una plataforma basada en internet para compartir.

Información: nueva moneda ¿vendo mi información o compro mi privacidad?

En su tienda de conveniencia favorita usted ve algunas cosas y se antoja de otras.
Toma una bolsa de café del estante, la revisa y la devuelve. Sigue recorriendo el lugar, echa a la canasta algunas frutas pero, antes de salir, Max le
«¡Espere!, le ofrezco 15% de descuento en el café que vio», usted regresa al estante.
También le recuerda que come su pan con mantequilla Ghee y se ilumina el estante donde está.

Todo esto sucede porque ha facilitado su información o no ha tomado las previsiones de seguridad que impedirían que sensores y plataformas registren sus actividades. Los sistemas reciben datos y los procesan para optimizar el valor para alguien.

El valor de nuestra información es un área en desarrollo. Los estados, las empresas y las organizaciones que velan por los derechos humanos deben aumentar sus esfuerzos para generar normas que permitan el flujo más adecuado y seguro de los datos y la información que crecen constantemente.

Mientras leemos o escuchamos este libro en formato digital, el libro nos adivina, sabe la hora, el tipo de material y el tiempo que dedicamos a la actividad, entre otros datos. Las tres grandes disrupciones pueden analizarse desde otras perspectivas, pero es necesario siempre tenerlas presentes. El Acuerdo de París (ONU, 2015) es una de las evidencias más poderosas de los efectos de las tres grandes disrupciones. Pocos eventos globales contemplan la huella del crecimiento del conocimiento, la nueva conciencia colectiva y la economía de la experiencia.

SEGUNDA PARTE

¿Cómo las disrupciones están cambiando nuestro sistema operativo?

The real goal is a feeling
(Peter Sage)

Lo hizo de forma premeditada. Simplemente, el día más caliente escuchamos su aviso de fin de ciclo y se apagó. Nuestra lavadora, que había sido simpática y colaboradora, dejó de funcionar.
Hace años, cuando algo dejaba de funcionar, el primer paso era llamar a alguien que lo reparara. Ahora, lo primero que se nos ocurrió fue buscar en YouTube: «¡Siri, por favor, buscar en YouTube cómo reparar el error 029 de la lavadora marca XYZ!», le dije.

Encontramos muchos videos, los primeros que eran de la empresa fabricante no ayudaron porque explican las garantías y ya no estaba cubierta. Los demás videos habían sido producidos por gente como nosotras, que habían vivido lo mismo. Así supimos qué hacer paso a paso y arreglamos la lavadora.

Las comunidades que nos permiten comunicarnos y compartir conocimiento, experiencias e información, muestran un efecto novedoso en las dinámicas humanas y las elevan a un nuevo nivel de sofisticación.

> Las tres grandes disrupciones han estado actualizando nuestra forma de actuar o nuestro «sistema operativo» mientras dormimos. Ahora navegamos el mundo de otra forma.

Han cambiado los procesos que ejecutamos, lo que guardamos en nuestra memoria, la protección que damos a nuestra información y la forma en que nos comunicamos.

Los virajes más visibles en la forma de actuar reflejan esos cambios en nuestro «sistema operativo», pues las acciones no eran naturales ni comunes hace tan solo unos años y tampoco las aprendimos en el sistema escolar. Entre los cambios más visibles, encontramos los siguientes:

1. Interactividad intensa con dispositivos digitales.
2. uso diferente del espacio y del tiempo.
3. «ser» es más importante que «hacer».

CAMBIO 1. EL AMBIENTE DIGITAL SE HACE NATURAL

—¿Cuánto tiempo podrías estar sin conexión a internet? —le pregunté a Irene, mi sobrina.
—¡Depende! —me dijo inmediatamente.
—Si estoy de vacaciones, podría ser mucho tiempo. Bueno, si es un viaje, es lógico que necesito internet, ahora si son vacaciones cerca, podría ser. Pero, si no conozco el lugar...
—¿Por qué tengo que estar sin internet? —me preguntó curiosa.

¿*Cuántas veces al día ve usted su teléfono o realiza una acción utilizándolo?*

Probablemente no acierte con el dato, pues el uso es frecuente, natural y no parece ser tanto. No obstante, este tipo de interactividad es solo el inicio, muy pronto la interactividad por voz con los ambientes digitales también se sentirá natural. Dentro de un tiempo, los dispositivos se considerarán parte del ambiente y no solo objetos.

CAMBIO 2. REINVENTAMOS EL ESPACIO Y EL TIEMPO

El uso de los espacios también está cambiando. Las ciudades tienden a disminuir el acceso de vehículos tradicionales: automóviles y buses. Favorecen más el transporte con bicicletas para el servicio público, así crecen los espacios abiertos para las personas. Además, florecen los espacios dedicados al trabajo colaborativo o *cotrabajo*. Al mismo tiempo que restaurantes, parques y cafés se transforman en sitios para trabajar, crear, emprender o estudiar.

Ahora, preferimos nuevos lugares para realizar las actividades tradicionales o novedosas. Los ambientes en las casas también se transforman cada vez más, pues las personas realizan proyectos laborales, de creación o de estudio, en su casa. Por tanto, estas presentan nuevos diseños aptos para la producción y el emprendimiento, como huertas verticales, paneles solares, equipos eólicos, impresoras 3D.

En el uso del tiempo, se advierten cambios. Existe un incremento en el tiempo dedicado a la pantalla, mientras inicia la disminución del dedicado al transporte, lo cual es provocado por las opciones móviles que permiten el teletrabajo y el desarrollo creciente de comunidades cerradas en las cuales las personas viven, trabajan, estudian, realizan actividad física y recreación. En síntesis, las dinámicas humanas muestran cambios en nuestro sistema operativo.

Hace pocos años, nuestro sistema operativo solo nos guiaba para prepararnos para ir al trabajo, tomar el transporte, llegar al lugar, cumplir con las funciones y regresar de la misma forma; muchas veces dedicábamos horas diarias al transporte.

En los nuevos escenarios, también las organizaciones cambian al igual que sus sistemas operativos. Tienden a aumentar su dependencia de las plataformas, de la automatización, a replantear sus espacios y sus tiempos.

Es muy probable que los antiguos organigramas ya no muestran las relaciones de actividad y «jerarquía» reales de la organización. De hecho, las nuevas generaciones empiezan a deshacer los diseños organizativos verticales e industriales.

Los asistentes digitales disponibles, como Alexa, Siri o Cortana, están permitiendo experiencias interesantes de comunicación y forman parte de los entornos digitales con los cuales nos empezamos a familiarizar.

De forma curiosa, tendemos a humanizar los entornos digitales y los dispositivos; por cierto es interesante que hayan sido diseñadas con voz de mujer. Además, los servicios automatizados en forma de robot o *chatbot* crecen exponencialmente.

> El sistema operativo de las personas y de las organizaciones está cambiando rápidamente y no todos estamos conscientes de lo que sucede.

CAMBIO 3. DAMOS PRIORIDAD A «SER»

Nos convertimos en disrupción cuando cambiamos el guion, ahora nuestra aspiración es nuestra realización individual y colectiva. Las tres disrupciones que vimos nos muestran como posible una vida extraordinaria que rompe con los guiones aceptados en el siglo pasado. Sin embargo, nuestra realización personal depende de más variables que en el pasado. La respiración actúa en nosotros, pero no nos pertenece. El aliento no está en nosotros, sino que nosotros estamos en el aliento. Por medio del aliento, nos hallamos constantemente unidos a algo que se encuentra más allá de lo creado, más allá de la forma (Dethlefsen y Dahlke, 2012). Sentimos mayor necesidad de crear, de contribuir, de colaborar, de conocer otras realidades. Entonces, la tercera mejora de nuestro sistema operativo es la orientación renovada hacia la felicidad, el propósito, el bienestar individual y colectivo.

El día empieza con una llamada, con una noticia que no quiere escuchar: «El senador ya no apoyará la propuesta». Ella planeaba viajar ese mismo día a Boston para la reunión que concretaría el apoyo necesario para la aprobación de su propuesta.
La llamada detiene el tiempo en el reloj de Amanda. Ella clava su mirada en el espejo y le pregunta: «¿Cancelamos el viaje?»
Empieza a empacar. Mientras lo hace, imagina a millones de personas que representa, imagina sus sueños y recuerda sus desvelos.

Amanda es la líder del movimiento social *rise*; su bandera es la esperanza por los derechos humanos. Acompañan causas hacia el logro y acumulan récords, por ejemplo: la aprobación unánime de más de veinte leyes en Estados Unidos.
Amanda Nguyen es una mujer extraordinaria. Ella quiere ser astronauta, presidenta de Estados Unidos y líder del movimiento de la esperanza. Es una joven con formación en astrofísica y en seguridad nacional y fue nominada para un premio nobel... ¡Ella se convirtió en la disrupción! (Nguyen, 2019).

Nuestra forma de actuar ha cambiado, pero cómo aprovechamos las oportunidades que ofrecen las disrupciones. Existe un vacío entre los retos generados por las disrupciones y las competencias que nos fueron útiles el siglo pasado, las codestrezas llenan el vacío.

TERCERA PARTE

¿Cómo convertir las Codestrezas en ventaja?

Vi todos los espejos del planeta y ninguno me reflejó
(Borges, 1949)

Las nuevas habilidades que necesitamos: en el siglo pasado, los mayores enseñaban a los niños y a los jóvenes lo que creían necesario, solo aprendíamos en contextos conocidos con personas conocidas. Las competencias que se enseñaban eran para tareas fundamentalmente individuales, horas escolares dedicadas a aprender a hacer y no a ser (pensar, relacionarse, imaginar). Finalmente, todo giraba alrededor de resolver problemas y no de imaginar escenarios ideales.

Las destrezas requeridas ahora para aprovechar las posibilidades del creciente conocimiento, la nueva conciencia colectiva y la economía de la experiencia no solo son nuevas, *sino un nuevo tipo de destrezas que no habíamos desarrollado antes*. Las llamamos codestrezas o *co-skills* para enfatizar en el enfoque colectivo. Muestran tres características que las potencian para los tiempos exponenciales y disruptivos.

1. Son colectivas.
2. Se enfocan en escenarios ideales, en lugar de problemas.
3. Enfatizan en «ser», más que en «hacer».

Por tanto, las codestrezas son capacidades colectivas. Se desarrollan en ambientes que favorecen la interacción entre personas y con entornos digitales, gente de todas las edades, culturas, ubicaciones. La diversidad es una fortaleza para el desarrollo. Igualmente, se pueden desarrollar entre personas que no se conocen físicamente.

Además, se benefician del paso evolutivo de la interactividad con un sistema, pues con la inteligencia artificial, el sistema de la interactividad se aprende y se transforma. Asimismo, se enfocan en escenarios ideales más que en los problemas, pues esta perspectiva ofrece mayores posibilidades por descubrir.

En otras palabras, dan prioridad a «ser», más que a «hacer», pues es el hilo conductor de las tres grandes disrupciones. El verdadero crecimiento se presenta cuando lo hecho está en función de algo mayor. A la vez, son necesarias para aprovechar al máximo el potencial de las personas y el digital, con la velocidad, la cobertura y la plasticidad imprescindibles en los tiempos exponenciales.

Fai camina hacia la estación de metro Gucheng mientras intercambia audios con su primo que vive en Jiangbei, una villa rural. Desde hace un tiempo, Fai vive en Beijing, la capital de China, la segunda economía más importante del mundo y la de mayor crecimiento en este siglo.
Después de un año de haber migrado a la ciudad, es agricultor, empresario y cantante. Fai ha invitado a su primo Hu para que lo visite, rieron mucho cuando Fai le aseguraba que se dedicaba a cosechar alimentos, pero lo más sorprendente para Hu es que su primo es agricultor en un edificio que utiliza la tecnología para la agricultura climáticamente inteligente.

Desde su teléfono monitorea y activa la mayoría de las acciones necesarias para la producción. La empresa le ofreció, como parte de su compensación, un espacio para que desarrollara su propio producto.

Ser agricultor en la ciudad es una aventura muy diferente. Va a su trabajo solo un par de horas al día, en metro, usando jeans y escuchando música; además, hace una buena parte de sus funciones desde el teléfono.

También forma parte de un grupo que realiza sesiones de design thinking *para crear prototipos basados en escenarios ideales para la alimentación del futuro. Fai y su grupo están constantemente fortaleciendo sus codestrezas.*

Fai se especializó en monitoreo mientras estudia aplicaciones móviles y big data*. Mezcla su trabajo como agricultor con su empresa de producción de algas, en el mismo edificio.*

China apuesta por esta tecnología basada en cinco razones, la población se acerca a los 1500 millones de personas, de los cuales gran parte vivirá en las ciudades. La nueva demanda de alimentos es diversa y sofisticada conforme crece la clase media. Esa demanda incluye la exigencia de alimentos libres de pesticidas, limpios y frescos.

Los jóvenes –por buenas razones– no desean trabajar en el modelo tradicional de agricultura. Modelo que enfrenta enormes riesgos por el cambio climático y que no ofrece las mejores condiciones a quienes lo practican. En el año de 2018, David Thorpe propone que la productividad de la nueva agricultura vertical e inteligente, por metro cuadrado, se multiplica por mil respecto a la tradicional cuando se utilizan condiciones controladas de luz, agua, nutrientes y espacio.

El crecimiento de la productividad se ha debilitado de forma generalizada, debido a que no se han implementado las estrategias para que las codestrezas aporten el potencial innovador de reinvención y competencia, con la integración de personas y de entornos digitales. Por tanto, si los participantes alcanzan su propósito y su sentido de realización, la productividad se verá beneficiada.

Las codestrezas son el camino para aprovechar las oportunidades que ofrecen las disrupciones porque pueden convertir ese potencial en innovaciones; son entendidas como nuevas formas de agregar valor a la vida.

1. Las innovaciones emergen cuando surge nuevo conocimiento, es decir, en épocas en las que el conocimiento crece de forma exponencial y se espera el crecimiento también exponencial de la innovación.
2. Las innovaciones son la base para emprendimientos que pueden diferenciarse y escalar.
3. Las innovaciones sociales surgen cuando las personas gozan de libertad para imaginar y crear. Los tiempos de una nueva conciencia colectiva favorecen la innovación.
4. Finalmente, las mejores innovaciones para el bienestar del conjunto aparecen cuando estas permiten ser vividas.

En esta época, las codestrezas son clave para generar ventaja en ambientes colectivos. Hemos visto nacer un nuevo tipo de espacios conocidos como *cotrabajo* que no surgen por casualidad, sino más bien por causalidad. Veamos su relación con las destrezas tradicionales.

Destrezas tradicionales	Codestrezas
Son individuales. Se enseñan de mayores a menores. Participan grupos homogéneos e internos. No incluyen entornos digitales.	Son individuales y colectivas. Se enseñan de forma cruzada entre edades diversas. Participan grupos heterogéneos distantes, pueden no conocerse físicamente. Incluyen entornos digitales.
Se emplean para resolver problemas.	Se emplean para para la cocreación.
Priorizan a las personas.	Priorizan la vida como conjunto: son biocéntricas.
Las realizan personas.	Se realizan entre personas, grupos, dentro y fuera de la organización y con entornos digitales.
Enfocadas en el hacer.	Enfocadas en el ser.
Presentan desbalance hacia el trabajo.	Presentan balance cuerpo, mente y espíritu.
Buscan el logro.	Buscan la felicidad.
Persiguen la estabilidad.	Persiguen la incertidumbre, el dinamismo y la complejidad.

¿Cuál es la relación entre cotrabajo y codestrezas?

El cotrabajo o *coworking* es un movimiento que nace en el 2005 en San Francisco. Neuberg (2015) creó el término refiriéndose a espacios en los que las personas comparten recursos y desarrollan proyectos. En ellos, se facilitan nuevas relaciones y colaboraciones. Según Nagy y Lindsay (2018), las razones más comunes por las que las personas buscan estos espacios son la interacción con otras personas (84%); los descubrimientos casuales y oportunidades (82%); y el conocimiento que se comparte (77%).

Recientemente, el Programa ACE (American Competitiveness Exchange), organizado por la OEA (Organización de los Estados Americanos), los Departamentos de Comercio y de Estado y la Universidad de California, descubrió el florecimiento de esos espacios y su evolución en Sillicon Valley y alrededores en el norte de California.

La primera actividad de ACE fue en The Vault, un cotrabajo internacional con fortalezas en *fintech*. Las personas que participamos, provenientes de muchos países, tuvimos el reto de crear una empresa y un prototipo en una hora. Cuando los grupos lo lograron, Barret Haga y César Parga, nuestros líderes, dijeron: «¡En menos de un día en Silicon Valley ya crearon una empresa y un prototipo!» (The ACE Program, 2018).

En los primeros años, los *cotrabajos* surgían fuera de las organizaciones tradicionales. Ahora, surgen dentro de empresas y universidades. Por ejemplo, QB3, en UC Berkeley, recibe fondos por más de 600 millones de dólares por año y genera 150 millones por año, con más de 500 empresas en etapas preliminares. Una de sus empresas presentó a la FDA (Food and Drug Administration) una terapia para tratar el cáncer de cerebro para aprobación, mientras otra está probando dos tratamientos para atender la demencia por Alzheimer

Al otro lado del Atlántico, en el distrito Silicon Sentier de París, vibra Villa Bonne Nouvelle (Start-up, 2018). La mitad de sus *colivers* o quienes comparten residencia para continuar con sus relaciones laborales son emprendedores y la otra mitad son colaboradores de la empresa de telecomunicaciones francesa Orange (Nagy y Lindsay, 2018).

En 2014, la empresa decidió crear este espacio de *cotrabajo* para facilitarles a sus ingenieros vivir, trabajar y aprender de gente fuera de la organización. El experimento ha sido de gran éxito. Los equipos bajo esta modalidad han logrado mejores resultados que los que trabajan en entornos tradicionales. Ahora la empresa está creando más villas en otras partes del mundo.

Estamos viendo el inicio de una revolución en el diseño de los espacios en las organizaciones y fuera de ellas. No obstante, es solamente el marco para el desarrollo de las codestrezas. El espacio de *cotrabajo* es indispensable para la nueva actividad colectiva, la cual, como veremos más adelante, es muy diferente al trabajo en equipo. También, comprenderemos la importancia de disponer espacios para la actividad colectiva y la individual.

Veamos las tres codestrezas básicas: covivir, cocrear y coliderar. A continuación, desarrollamos las prácticas que cada una requiere para convertirse en una ventaja en esta época.

CODESTREZA 1. COVIVIR

Este pensamiento «If we transform our way of perceiving things, then we transform the quality of our lives» (Ricard y Singer 2017) (Matthieu Ricard, monje budista, persona más feliz del mundo, según estudio neurocientífico) nos introduce la primera codestreza. Las personas que nacimos en el siglo pasado hemos sido programadas para decidir entre diferentes posibilidades de acción. Nos han enseñado a medir los resultados de nuestras decisiones y acciones; el enfoque se ha centrado en lo que hacemos. No obstante, covivir requiere un cambio de enfoque, nos invita *a ver la vida como una creación, no como una secuencia de decisiones y acciones.*

El covivir es una forma de vida consciente que asume los nuevos retos y se conecta con los demás para crear, lo cual presenta dos características diferentes en este siglo: las personas pueden ser desconocidas y la conexión es mediante entornos digitales; además, interactuamos de forma más natural: conversando. Es diferente al término «convivir» que se refiere a vivir en el mismo espacio.

Las personas y los entornos digitales con los que se covive pueden ubicarse en cualquier lugar y tampoco es necesario conocer físicamente a los interactuantes. Así, covivir implica comprender que nuestras aspiraciones requieren creación más que decisión: la felicidad, la carrera o una relación no son decisiones, son creaciones.

> Es otra mirada al espejo para crearnos. Cuando covivimos somos capaces de escuchar al espejo. También somos capaces de hablarle al espejo. Somos capaces de cambiar la imagen y la historia en el espejo.

Entonces, para covivir, requerimos de nuevas prácticas o de reforzar las ya existentes: fluimos, chocamos y hacemos rituales. «No me digan que es un tema personal, les diré que es colectivo. No me digan que es un tema colectivo, les diré que es personal» (Francois Vallaeys)

Fluir: *Desde su cama del hospital, Steven pudo ver un pequeño pájaro azul aterrizar en el alero de su ventana. Era muy activo, volaba desde el alero hacia arriba y regresaba... ¡Volar parecía fácil! A Steven también le parecía fácil cuando los deportistas rompían récords en deportes extremos.*

Después de más de 80 fracturas y meses en el hospital, Steven atesoraba sus aventuras, mientras acompañaba a decenas de deportistas extremos alrededor del mundo. Como periodista, Steven Kotler, hacia el año 2015, presenció cómo se mueven las fronteras de los deportes extremos, mientras fluyen con su máximo talento y disfrutan en las condiciones más retadoras. Las personas que practican constantemente un deporte que les apasiona mejoran y fluyen, pues su talento crece al mismo tiempo que su disfrute. Crean una vida extraordinaria, rompen las fronteras de lo conveniente y de lo posible.

El estado de fluidez se alcanza cuando realizamos una actividad altamente retadora para la que tenemos el máximo talento. En este estado, las personas sienten la vida en su máxima expresión y pierden la noción del tiempo, pues se hallan completamente presentes e inmersas en la vivencia. Quienes alcanzan el estado de fluidez o *flow* sienten que una fuerza guía sus acciones y se dejan llevar, como dejarse llevar por la corriente en el río. Por esa razón, Mihaly Csikszsentmihaly, en investigaciones publicadas en el año 2004, y habiendo estudiado la fluidez humana por más de 50 años, decidió definirla como «estado de fluidez».

> *Lady Gaga entra en escena y sube una escalera para darle serenata a Tony. Cree que él no está consciente de cuántas vidas ha tocado. Él expresa que ella es la más inteligente que conoce y que le recuerda a su mamá. Cuando se conocieron en una gala, conectaron. Una estrella del pop y un legendario músico de jazz nacido cincuenta años antes que ella.*

Las conexiones con personas diferentes y fantásticas pueden convertirse en relaciones duraderas que enriquecen todas las partes y potencian el estado de fluidez.

Fricción creativa: —*¡En esta empresa esa palabra está prohibida! –dijo.*

Todos en la empresa saben qué no se puede decir. Brian discute consigo mismo porque está disfrutando mucho un libro que no debe disfrutar.

Él y sus socios millennials *son disruptores. Su empresa transforma más de una industria, transforma estilos de vida y las formas en las que las personas se conectan con otros lugares y culturas.*

Semanas después, invita al autor del libro a dar una charla. Las paredes de su empresa tendrán que taparse los oídos cada vez que diga la mala palabra. Además, en una empresa de millennials, *no es común ver a una persona de más de 50 años.*

Chip habla de la palabra «H» y conmovió a la audiencia. Tanto que Brian lo invita a dedicar algunas horas por semana para enseñarles sobre ese mundo... Sin darse cuenta, se convierten en amigos y mentores mutuos.

Es abril en Bali, el calor es el primero en despertar para disfrutar un bello amanecer. Empieza el viaje hacia el trabajo, rumbo a Ubud, una mezcla de jungla y pueblo bohemio. De camino, hacen una refrescante pausa en la catarata.

Al día siguiente, algunos hacen yoga, otros aprenden sobre los ingredientes de sus deliciosas comidas o a confeccionar Canang Sari, las ofrendas florales sagradas. Todo antes de encontrarse para trabajar a las nueve de la mañana, ya que ese día esperan terminar temprano para visitar el bosque del mono sagrado.

Michael ama las buenas conversaciones, las que no queremos que acaben, que nos mueven y nos conmueven. Su sueño fue crear un grupo de emprendedores para mantener mágicas conversaciones en un lugar exótico.

Así, surgió la idea de realizar un viaje de cotrabajo por un mes, iniciativa que se transformó en Project getaway (2020). Cada año, grupos de personas muy diferentes viajan a lugares espectaculares a disfrutar la vida y producir nuevas iniciativas.

Las ceremonias y los rituales: *Esa mañana Mati salió de su casa antes que el Sol. Sentía que ese día era especial. Hace unos días falleció una de sus amigas y era la hora de celebrar su vida. ¿Comer o bañarse? Comer, ¿salir o bañarse? Salir.*

Mati y Vilma están listos para salir a la celebración de Oli, llegan al parque y empiezan a saludar, todos saludan primero a Mati y luego a Vilma.

Mati y Vilma se conocen desde hace siete años. Ella le tenía miedo a los perros hasta que conoció a Mati. El miedo la llevó a encontrar a uno de sus amigos del alma, compañero de espíritu y de vida, un maestro travieso.

Ese día, en el parque, celebrarían la vida de Oli, primero, sembrarían el árbol en su nombre; y, luego, compartirían las canastas con delicias.

«Casi cualquier cosa vuelve a funcionar si la desconecta unos minutos, incluido usted» (Lamott, 2017)

Cuando vemos la vida como una creación, no como una secuencia de decisiones y de acciones, todos estos nuevos escenarios cobran sentido. Son parte de la nueva conciencia colectiva. Covivir significa sentir, pensar y crear. Significa «ser» con los demás. Es una forma de vida consciente que busca nuevos retos y que se conecta con los demás para crear.

En esta época, las ceremonias y rituales cobran gran importancia. Son espacios mágicos para desconectarnos de la tecnología y conectarnos con nosotros mismos y con quienes amamos.

> *The wilderness has a clarity that include us*
> Sheryl Wild
>
> *Caminando por la Universidad vi un cartel con el mensaje: «15 días para cambiar el resto de tu vida. Prácticas Zen». Estaba en un curso intensivo sobre nuevas tecnologías que cada día terminaba justo media hora antes de que iniciaran esas prácticas Zen. Me matriculé, el primer día éramos cerca de cincuenta personas y se trabajó el silencio; el segundo, también hicimos silencio sentados en una de las áreas verdes más frescas del campus. Esa noche pensé que no iría más... Podía hacer silencio donde estuviera.*
> *Algo me impulsó a ir de nuevo una tercera vez y llegué preparada para hacer silencio. Al iniciar la*

clase, una de las maestras nos contó que había tenido una vez un alumno que llegó con mucho entusiasmo.
—*¡Quiero ser Zen!, ¿cuánto tiempo me tomará? –le dijo.*
—*Diez años –le respondió.*
—*Quiero lograrlo pronto. Si dedico mucho tiempo, el que sea necesario, ¿cuánto tiempo tomará? —insistió el alumno.*
—*Veinte años –le contestó la maestra.*
Estuve a punto de perderme una de las experiencias más trascendentales de mi vida. Sucedió hace casi 20 años, mientras estaba en Alicante. Desde esa época, medito al menos dos veces al día.

En esta época, abundan las prácticas colectivas; muchas se presentan en forma de
reto para el cuerpo, la mente y el espíritu. Todas creadas con la intención de expresar o conectar con otros, con otras dimensiones o con la armonía interna: yoga, maratones, ultramaratones, meditación, vegetarianismo, tatuajes, entre otras.

En general, las prácticas enfocadas en «ser» nos ayudan a mejorar, a conocer otras versiones de nosotros mismos. Son formas de conectarnos con nosotros mismos y con los demás, que se convierten en rutas de autocreación. La clave es explorar hasta encontrar algunas prácticas con las que podamos tener consistencia, a fin de lograr mejoras duraderas y la creación de una mejor versión de nosotros mismos.

El budismo tibetano ha dedicado 2500 años a la investigación sobre la mente: es la ciencia contemplativa a la que cientos de personas dedican muchos años de su vida y experiencia personal. Sus estudios se han centrado en la meditación. Sostienen que la meditación provoca cambios graduales y duraderos (Ricard y Singer, 2017).

Según Carol Dweck, en el año 2007, cada vez que enfrentamos nuevos retos se crean nuevas conexiones en nuestro cerebro y se empiezan a cultivar nuevos talentos.

> Todos estos movimientos ofrecen una puerta de entrada que puede ser el cuerpo, la mente o el espíritu, pero luego de ingresar los cambios se producen en las tres dimensiones.

Abre la puerta y recibe el paquete. Mientras lo abre, los aromas empiezan a dar pistas. ¡Sus sorpresas del día! Armando comienza el reto Goodfood. Durante un mes, recibe diariamente los alimentos diseñados para desintoxicar el cuerpo y renovar el espíritu. Todo es orgánico, vegetariano, sin azúcar y sin café.
Armando es artista, empresario, deportista, mentor. Vive una vida exponencial y extraordinaria. La experiencia de Goodfood transforma su relación con la alimentación y la energía. Así, inicia una nueva etapa de cocreación y de reinvención... Armando es mi hermano.

CODESTREZA 2. COCREAR

Los niños viven en «modo crear», crean mundos, personajes, historias, juegos, emociones y amistades; toman grandes riesgos, emocionales y físicos. Casi siempre prefieren jugar con otros. Millones de cocreaciones surgen a diario en los lugares donde juegan. «Es el tejido entre arte y ciencia el que eleva el mundo a un lugar maravilloso, un lugar con alma. Un lugar en el que podemos creer...» (Danielle Feinberg)

Nadie nos enseña a jugar o a crear, nos resulta natural. No obstante, con los años y con la educación industrial, dejamos de jugar. Empezamos la transformación hacia una especie de robot, una máquina que se mueve, realiza muchas cosas, pero no posee un propósito propio.

En la vida lineal, podemos pasar mucho tiempo sin crear al seguir rutinas casi automáticas para las actividades diarias. La alegría y el entusiasmo pueden dormir una larga siesta en el sofá de los días. Sin embargo, la necesidad de crear es parte de la naturaleza humana y ahora se encuentra en la mejor época.

La cocreación es la acción con propósito en la que participan personas y entornos digitales. Cocrear es una actividad humana con valor en sí misma: es autotélica. Satisface una necesidad humana primaria.

La cocreación requiere de las habilidades de los niños al jugar: su atención está en el juego, interactúan con sus amigos y enemigos y diseñan algo valioso para ellos. Cuando la acción genera algo nuevo que presenta valor para un contexto, se ha creado una innovación.

> La primera práctica para la cocreación es la atención o presencia, la segunda es la confianza y la tercera es el diseño de valor.

Never assume that's loud is strong and quiet is weak (Anónimo)

Dónde está tu atención está tu futuro. *En la habitación hay un silencio a punto de despertar. Minutos después suena un trueno, cuyo rayo ilumina la pantalla. Esta mañana no era diferente, London abre los ojos, toma el teléfono y se deja inundar de notificaciones: mensajes, correos, dedos se deslizan rápido por la pantalla y así recorre familia, amigos, desconocidos, ofertas y aún no ha dado los buenos días a Río que despierta junto a ella.*

En esta época, la primera acción del día, casi involuntaria, es tomar el teléfono y desencadenar los acontecimientos que mueven nuestra energía y nuestro día en muchas direcciones, pero sin rumbo, pues cuando estamos en «modo robot» no estamos presentes. Tendemos a sobreestimar nuestra capacidad de atención.

Según Mihaly Csikszentmihalyi (2004), nuestra capacidad de procesamiento de información es de

110 bits por segundo. Escuchar a una persona y procesar las ideas requiere 60 bits por segundo. Si conversamos, no es posible revisar las redes sociales, enviar correos y estar atento a la llegada de Uber.

Era el 16 diciembre de 1991 su ética de trabajo lo habitaba siempre y ese día no era la excepción. Nacería su primera hija y tenía una presentación de inteligencia artificial para Apple.
Todo estaba bien programado por uno de los mejores del mundo: Kai fu Lee. Eran días de gran estrés y de máxima productividad, esperando el nacimiento, vio el reloj y faltaba una hora para su salida hacia la presentación. Su hija no cooperaba con el nacimiento puntual, entonces se preparó para salir.
En su agenda, coincidían el nacimiento de su hija y la presentación del demo sobre inteligencia artificial que funcionaba perfectamente con su voz. Afortunadamente, su hija nació unos minutos antes de su salida... pudo conocerla y logró llegar a la gran cita de trabajo.

Aunque Kai-Fu Lee pudo estar físicamente en el nacimiento de su hija, por unos minutos, en realidad no estuvo ahí ni en la presentación: el nivel de estrés ese día consumía su energía. La ansiedad, la angustia y la posterior culpa lo han acompañado como una gran lección de vida. Para vivir un momento, se debe estar presente y prestar atención. Normalmente, intentamos engañarnos a nosotros mismos, creemos que somos capaces de atender muchas cosas a la vez.

Si usted piensa que lo logra, analice cuál es la calidad de la atención y de la calidad del momento que vivió, pues si hubo angustia o ansiedad, sin duda, fue inferior a otros en los que ha prestado atención a una sola actividad. Así, somos capaces de programar la agenda, de forma que realicemos todo lo importante; no obstante, *hacer no es equivalente a vivir, a estar presente.*

Por suerte, las experiencias han permitido a Kai-Fu Lee reinventarse. Sigue activo. Muchos años después, hace grandes aportes sobre inteligencia artificial. Ahora, asegura que el propósito del ser humano no es trabajar, sino dar y recibir amor.

Es interesante que somos la primera generación que puede ir a cualquier parte del mundo y, muchas veces, encontramos en los lugares más exóticos a quienes solo se encuentran ahí por la foto o por los *likes*, ¿estuvieron ahí?

Llegan a «Las puertas del cielo» en el templo de Lempuyang, en Bali, se producen tres fotos: la primera frente al templo, la segunda muestra como fondo las vistas del monte Agung; esta locación para la fotografía está detrás del templo. La última es un close up *con parte del paisaje de fondo. Esta es la primera estación del «Tour de Instagram» (Get your guide, 2019) que se ofrece en Bali.*

Ahora bien, *¿se ha preguntado por qué ahora hay muchas más mascotas que viajan?* Están en los aeropuertos y viajan en la cabina del avión con su familia. Son considerados apoyo emocional y forman parte de un nuevo estilo de vida. Los aeropuertos se transforman para ofrecer mayores comodidades a los pasajeros.

En esta época, existe tanta distracción que podríamos pasar mucho tiempo sin interesarnos en el momento que estamos viviendo. Según Eckhart Tolle (2018), nuestras mascotas también nos ayudan a estar presentes. Son compañeros espirituales. Cuando nos regalan salir a caminar y minutos de aire fresco, intentan que estemos presentes, aunque no siempre lo logran.

Estar presente es prestar atención a una actividad, vivir el momento, comprender que podemos dar el máximo cuando le dedicamos toda nuestra energía y potencial. Las personas deportistas son expertas en manejar su atención, alcanzan máxima concentración mientras desarrollan su actividad. No obstante, por cada deportista, existen millones de seguidores distraídos que ven todos los juegos sin interesarse realmente por ninguno.

Un fenómeno distinto ocurre con el deporte en el que jugadores y seguidores se concentran. Esto sucede cuando miles de niños y de jóvenes dedican horas a ver a otras personas jugar videojuegos. Solamente sintonizan una transmisión o una grabación y se concentran en sentir las emociones de las estrategias, la competencia y los logros. (Esto sustituye el texto que empieza por «el juego iba a empezar» y termina en YouTube®). Es interesante pues los seguidores ven a otros jugando como entretenimiento, para aprender estrategias de juego y para conocer nuevos juegos.

La atención es clave para la cocreación. Eckhart Tolle, en el año de 2018, afirma que hay tres formas de estar presente y en armonía: aceptar, disfrutar o tener entusiasmo por el momento.

El juego iba bien, nuevamente ganó. Las jugadas se hacían cada vez más monótonas y pesadas. Había sido el campeón del mundo 2780 veces. En esa época empezaba la universidad.
Ese día despertó con una idea: vendería el play, *con el dinero compraría libros, pues existen temas que le resultan un misterio. «Leer es otra forma de jugar y viajar», pensó.*

Desde hace dos años, Andrés cambió su play *por libros, cuenta que le alegra el día leer con una taza de mate y que tiene nuevos temas para conversar con sus compañeros y amigos.*

Andrés es mi sobrino, tiene 21 años. Andrés dejó de disfrutar el *play* y encontró el entusiasmo en la lectura, que ahora disfruta. Eso podría cambiar y no importaría.

«*Created to create*» (Jon Jorgenson, 2015)

Conexión. *Es un día caluroso en Wuzhen, bello pueblo, una especie de Venecia que vive entre puentes y canales. Esa semana se celebra «The Future of GO Summit».*
El salón está lleno de silencio. Ke Jie juega su mejor partido, con tan solo 19 años es máster de Go, juego popular por cientos de años en China, donde fue creado. Se dice que es más complejo que el ajedrez (Mozur, 2017).
En la movida 37, el silencio es más fuerte: parece un gran error, piensan los expertos. Error del nuevo jugador, quien se llama AlphaGo, es un prototipo de inteligencia artificial desarrollado por Deep Mind de Google. Es la señal de que todavía la inteligencia artificial no podría alcanzar el talento humano.

Du Sautoy, profesor de matemática de Oxford, considera que esa movida fue más bien una muestra de creatividad. En mayo del 2017, en Wuzhen, AlphaGo ganó al máster de GO, Ke Jie. Ke Jie, AlphaGo y sus equipos cocrearon un evento histórico y movieron la frontera del conocimiento y de la inteligencia colectiva.

Cocrear es diferente a producir. Cuando se produce, hay insumos de las partes, procesos y un producto, pero no es necesaria la colaboración entre los participantes en el proceso, la comunicación o la confianza entre ellos. Nuestros mejores maestros están en la niñez cuando actúan de forma natural, cuando saben qué es lo importante.

Los niños son naturalmente curiosos y saben fluir. Siempre tienen tiempo para cocrear y vivir intensamente cada momento. Si les permitimos hacerlo, cocrean sus juguetes, sus juegos y sus mundos.

Una sonrisa dice más que mil imágenes... Leonora despierta sorprendida. Se escucha mucho ruido y es muy temprano. Salta de su cama y recuerda que es el día de su cumpleaños. Aunque sus papás han ensayado con ella, el segundo cumpleaños aún no tiene mucho sentido.

Lo que sí tiene mucho sentido es su gatito, lo busca y no aparece, quiere llamarlo pero aún no sabe el nombre. Mientras tanto sus papás llenan la casa de colores y de sabores.

Los escucha preguntar: «¿Qué pasa con Wifi?», alguien contesta: «No sé, se fue»; su mamá está usando la tableta, el papá el teléfono y el gatito no aparece.

Más tarde llegan sus amigos y, de repente, el gatito entra, como un invitado más. La sonrisa de Leonora es un arcoíris al revés. Un amigo le preguntó: «¿Cómo se llama tu gato?». Leonora, muy segura, le contestó: «Wifi».

Durante la cocreación, es necesaria la conexión: las partes colaboran entre sí, se comunican y confían; entre ellas: las plataformas digitales, las tecnologías o los entornos digitales.

June Cohen trabajaba en la traducción y el estrés no la dejaba ver la oportunidad. La gente le escribía para ofrecerle las traducciones, lo cual la asustaba porque la empresa no tendría la capacidad para revisarlas. No obstante, su visión exponencial llegó al igual que los escenarios ideales. Así se cocreó una comunidad de traductores voluntarios de videos TED, los cuales se reparten por el mundo en decenas de idiomas. La valiosa comunidad hizo a la empresa escalar alturas que no habían previsto y todo había empezado como una amenaza.

Las personas se conectan cuando logran confiar. Algo parecido sucede con los entornos digitales, porque las personas solo «se conectan» con un entorno digital cuando confían.

Para confiar en los demás, tenemos que confiar en nosotros mismos

> *Imagine que al lado, en una calle conocida está una señora que vende vegetales, a la par colocó una pizarra con el mensaje: «Vegetales frescos, se venden aquí». Cuenta Gaul Gopar Das que un día pasó un joven y le dijo: «Señora, se ve que los vegetales están frescos, no hace falta que lo escriba en su pizarra», entonces ella lo borró... el letrero decía: «Vegetales, se venden aquí». En la tarde pasó una señora que le dijo: «¡Es lógico que se venden aquí!, ¿para que escribió eso en su pizarra?», ella procedió a borrarlo, se leía solamente: «Vegetales». Cuando ya iba a recoger las cosas, una pareja le dijo: «Lo único que usted vende son vegetales, ¿por qué lo escribe en su pizarra?», Cuando lo estaba borrando, se dio cuenta de que la pizarra quedaba vacía.*

¿Cuántas veces hemos actuado como la señora de los vegetales?, la confianza en nosotros mismos depende de la historia que nos contamos, escuchamos una voz interna que nos repite nuestra historia.

Marcela le llama DJ a su voz interna porque programa lo que ella escucha. Su DJ le recordaba constantemente sus defectos y limitaciones. Luego de sus aprendizajes, decidió darle la música a su DJ y enseñarle a programar solamente esa música. Desde ese momento, solo escucha sobre lo valiosa que es y confía en sí misma.

En síntesis, la confianza es clave al establecer la conexión para cocrear; por tanto, se debe fortalecer mediante la comunicación con uno mismo y con los demás seres con quienes compartimos el planeta.

Finalmente, las mejores conexiones son las que logran evolucionar y convertirse en relaciones duraderas. Así, surgen poderosos grupos de cocreadores que se encuentran y se desencuentran durante años en una bella relación.

El diseño es todo

¿Le gustaría que, al despertar, la ventana de su habitación se convirtiera en una pantalla que usted toca para ver las opciones de día y escoger? En esta época, diseñamos más que en ningún otro momento de la historia y todos son diseños únicos. Ahora diseñamos prototipos, antes, productos; diseñamos con el cliente; antes, para el cliente; ahora, producimos para el diseño; antes diseñábamos para la producción.

El proceso ha cambiado. Actualmente, nos enfocamos en diseñar el valor, lo que cocreamos debe aportar nuevos beneficios para determinado contexto, la suma de los beneficios es el valor. Lo que ahora es valioso, también se está transformando. El crecimiento exponencial del conocimiento, la nueva conciencia colectiva y la economía de la experiencia generan transformaciones en lo que valoramos. Las personas priorizan su necesidad de crear, de realizarse, de ser felices y de contribuir.

También los cambios en los sistemas operativos de las personas y las organizaciones ofrecen luces para el diseño de valor, aunado a la nueva relación con los entornos digitales, con el tiempo y el espacio y la necesidad de realizarse.

Cuando muchos nacimos el teléfono inteligente no existía ni la mayoría de los entornos digitales que ahora son parte de cada día. Actualmente, los entornos digitales o plataformas son comunidades y ofrecen oportunidades para diseñar valor.

Amira es una niña en un dibujo. El dibujo está en un museo muy conocido, la gente llega todos los días a verla. Ella ha sido siempre feliz recibiendo gente y posando para miles de selfies, hasta que un día, unos jóvenes dijeron: «¡Es linda, pero sería más linda de colores!».
Amira no supo de qué hablaban. Ella era un bello dibujo a lápiz, en blanco y negro, pero no lo entendía. Desde ese día, su único deseo fue saber qué eran los colores y conseguirlos para ella... así que decidió salir del cuadro y empezar el viaje.

Amira salió a buscar colores y es lo que muchas veces hacemos, partimos de un valor que creemos universal. Ese camino funcionó por más de cien años, pero ya no.

Hace cerca de cien años no existía el **fin de semana**. Para nosotros, puede ser natural, pero Henry Ford y la Revolución Industrial fueron quienes promovieron el concepto que se hizo universal. No obstante, sentimos que ese diseño de semana empieza a cambiar.

La razón para proponer los dos días de fin de semana era que las personas tuvieran tiempo para usar su carro y pasear, así como para ir de compras. Las razones para que exista parecen desvanecerse ante los nuevos estilos de vida. Por lo anterior, es necesario diseñar con las personas usuarias, concentrarse en las oportunidades que las disrupciones ofrecen y dejar fluir los escenarios ideales.

Brit es una brillante millennial *que empieza a trabajar en el diseño de juegos para niñas STEAM. El propósito es que más niñas se interesen en la ciencia, la tecnología, la matemática, el arte y la ingeniería.*

Ella tiene su emprendimiento y ha recorrido un camino que llama «tour creativo» por diferentes empresas con el propósito de aprender algunas áreas de negocio y conocer personas interesantes.

Nuestra joven pertenece a una generación que recibe continuamente realimentación sobre lo que publica en sus redes. Por eso, cuando empieza a colaborar con una nueva empresa, ella espera que sus aportes sean valorados pronto.

Como no planea permanecer por mucho tiempo en la empresa, le parece sensato que las posibilidades de ascenso estén cerca.

El diseño lo es todo para la economía de la experiencia, porque todo es una experiencia.

CODESTREZA 3. GERENTE-ACTIVISTA, *COLEAD*

Puedes soñar solo, pero se hace realidad con otros. El liderazgo ideal es colectivo, contribuye al bienestar y mejora de la vida en su conjunto. En esta época, todas las personas tenemos la oportunidad y **responsabilidad de liderar de forma colectiva.**

Jennifer Dulski posee la fórmula del liderazgo ideal, dirige la plataforma para crear grupos y comunidades en *Facebook*, utilizada por un billón de personas. Anteriormente, lideró Change.org., dedicada al apoyo y financiamiento colectivo para iniciativas ciudadanas.

Dulski, en el año 2018, sostiene que ha encontrado diferencias entre los líderes empresariales y los líderes activistas: los gerentes son buenos con los datos; y los activistas, con las personas y las historias. Así surge la mejor fórmula: un liderazgo sobresaliente con los datos, las personas y las historias.

> Por tanto, los nuevos líderes son gerentes y activistas. Sus proyectos son personales y colectivos al mismo tiempo. Liderar es una expresión de SER.

El nuevo liderazgo requiere más de una persona para que el movimiento o empresa escale y logre su propósito; es un grupo que ejerce liderazgo y es seguido por otros. El escenario es global, se nutre de una comunidad en la que muchas personas y entornos digitales aportan para el propósito. Los nuevos líderes son disruptivos en su proceso e incorporan el aprovechamiento de las plataformas digitales.

La anterior es una de las causas por las que no nos satisfacen la mayoría de los políticos y se debilitan los partidos. No han comprendido que requieren una comunidad de líderes que sean gerentes y activistas.

En esta época, nuestra realización personal depende de más variables que en el pasado. Todas las personas deseamos, podemos y debemos ser líderes en el escenario colectivo y global. La vida exponencial se enriquece con causas, proyectos, emprendimientos, pasiones y espacios comunales.

El liderazgo colectivo se basa en tres prácticas. En primer lugar, inspirar sobre la causa; en segundo, promover el crecimiento de todos en el movimiento; y, finalmente, aprender a reinventarnos continuamente.

> **Inspire.** *Ese día el verano se asomaba tímido en Sydney, Australia. Lucy Atkin despertó más temprano que sus hermanos, más tarde les contó su intención a todos. Había decidido no ir a la escuela. Quería unirse al movimiento empezado por Greta Thunberg en Suecia. Su deseo fue abrazado por su familia.*

Greta se manifestó frente al parlamento porque los adultos no hacen nada para resolver el problema del cambio climático. Suecia recién sufría el verano más caliente en más de 200 años (Fridays for future, 2019).
El primer ministro de Australia se opuso al movimiento de Lucy y sus compañeros de escuela. La oposición provocó atención de los medios y promovió que más estudiantes, profesores y padres se unieran. Durante la manifestación en noviembre del 2018, cuando llegó la hora de tomar el micrófono... Lucy estaba lista.

Greta en Suecia con 15 años y Lucy en Australia con 11, además de niños y jóvenes en otros siete países, empezaron un fresco movimiento de liderazgo colectivo: *colead,* es una capacidad que inspira y conecta a personas que podrían no conocerse nunca. Apoyados en plataformas digitales, empiezan movimientos disruptivos con líderes que están lejos de ser tradicionales y alejados geográficamente, pero cercanos y conectados en su espíritu y propósito.

Ese liderazgo es disrupción en serie, pues cuando una de las voces de un movimiento encuentra más causas que apoyar, lo hace. Por ejemplo, Greta Thunberg crece como activista internacional y agrega causas en su camino. Ahora ha manifestado sentirse orgullosa de ser parte de las personas afectadas por el espectro autista.

Los liderazgos tradicionales se desarrollaban en un territorio y sobre un tema o propósito, apoyados con discursos en espacios físicos. La posibilidad de inspirar otros grupos era más lenta y costosa. Generalmente, eran adultos en alguna posición de poder. Lograr resultados les tomaba años y otros riesgos.

Actualmente, Greta y Lucy muestran un nuevo camino de liderazgo colectivo. Lucy es la sobrina de mi pareja Georgia. Su vida se transformó cuando empezó a cambiar otras vidas.

Las fronteras y los puentes

Esta destreza depende de la conexión entre las personas y, en esta época, no solo la tecnología facilita las nuevas conexiones. Se presentan cambios sociales orientados al «ser» individual y colectivo.

María Pérez Yglesias, escritora y gran amiga, dice que las épocas de transición son espacios entre lo prohibido y lo prescrito, entre el *statu quo* y la revolución que enfrenta. En este espacio de transición hacia la vida exponencial, muchos aspectos dejan de estar en el ámbito de lo prohibido.

Caminamos sobre esos puentes o fronteras con pequeños y grandes pasos. Sentimos una mayor necesidad de conectarnos y lo hacemos de todas las formas posibles. El espíritu de estos tiempos o *zeitgeist* es el de convertirnos en una civilización que es una y muchas al mismo tiempo. Por ejemplo, damos grandes pasos al reconocer el valor de la diversidad de todo tipo. Aún resta un recorrido descalzo sobre un puente frío, pero los avances son determinantes e irreversibles. Es otro espacio de nuevas conexiones humanas, entre personas que hace unos años estarían distanciadas.

Otro ámbito de conexión es la cultura del tatuaje, la cual ha alcanzado nuevas dimensiones. La necesidad de expresarse con la propia piel trasciende culturas, edades y geografías. Es cocreación y conexión entre personas que inician conversaciones impensables hace unos años.

> La inspiración poderosa que nos mueve y conmueve se convierte en coliderazgo cuando todos crecemos.

Crecer-crecer

Gladwell, como se citó en Anderson y Sally (2013), señala que la humanidad está pasando de jugar basquetbol a jugar futbol. En el básquet hay un líder y no importan los errores cometidos porque el líder salva al equipo. En fútbol, existen varios líderes, pero el éxito depende de todos y los errores se pagan muy caro (Lyer, 2019).

En basquetbol una persona con mucho talento puede tomar la bola, recorrer toda la cancha y, sin hacer un solo pase, encestar. Ganar el juego puede depender de algún jugador estrella. Por el contrario, en fútbol se teje el camino hacia la cancha contraria.

A propósito, según los economistas Anderson y Sally, en el año 2013, los equipos deben invertir en los jugadores más débiles, como estrategia para mejorar su equipo. Ellos estudian las estadísticas del futbol de formas innovadoras. Entonces, según Gladwell, como se citó en Anderson y Sally (2013), los esfuerzos se deben enfatizar en mejorar el punto más frágil.

Dulski, en el año 2018, cuenta que durante el huracán Harvey, una mujer de Texas inició un grupo para apoyar los rescates. El grupo creció rápido y pasó de 30 000 personas a 150 000 en menos de 24 horas. Sin embargo, cuando la líder del grupo se quedó sin internet, se convirtió en el punto más débil del movimiento. Entonces, más de 80 personas fueron voluntarias para liderar acciones. Finalmente, rescataron cerca de 8000 personas.

> En la vida exponencial y extraordinaria nos mueven los grupos no tradicionales con mayor fuerza y por mayor tiempo. Fundamentalmente, porque en esos grupos todas las personas podemos aportar, liderar y contribuir, todos crecemos.

Los colectivos que nos mueven están en decenas de países, en todos los continentes; surgen con visiones e intenciones diversas, nos invitan a ser líderes y a crear nuestra historia colectiva, además de crecer con otras personas.

Inspiramos, crecemos y evolucionamos

Esta destreza requiere la capacidad de renovación constante. El liderazgo colectivo se reinventa en la danza entre las circunstancias y las capacidades desarrolladas.

> There is a fifth dimension beyond that which is known to people ... a dimension as vast as space and as timeless as infinity.
>
> It is the middle ground between light and shadow, between science and superstition, and it lies between the pit of people's fears and the summit of his knowledge.
>
> This is the dimension of imagination (Rod Serling, 1959)

Pensar fuera de la web

En la intersección entre la calle del Puente, Great George y la calle del Parlamento, se instalaba un avance tecnológico que cambiaría la forma en la que los vehículos transitan por las ciudades del mundo.

> *Junto a los técnicos estaba John, un policía en entrenamiento, el equipo iba a llevar a cabo parte del trabajo que él ha realizado por años, atento escuchaba sobre el funcionamiento y su papel en activarlo.*
> *Así fue instalado el primer semáforo, en Londres. Tenía luces, era operado con gas y una palanca con la que John convertía el rojo o el verde. Era diciembre de 1868, según el archivo del Periódico de Londres* (The British Newspaper Archive, *2013).*

Antes de esta tecnología, había quienes se dedicaban a ser semáforos, era un trabajo de tiempo completo. La persona se colocaba en un pequeño pedestal en el centro de la intersección para dirigir el tránsito.

Más de cien años después, nuestras prioridades han cambiado. Ahora estamos reinventando las ciudades. Ha iniciado una revolución de movilidad sostenible. Trece ciudades alrededor del mundo lideran la reinvención de los espacios y la movilidad.

Las estrategias más populares son prohibir el ingreso de vehículos que operan con diésel como combustible, cerrar calles para el ingreso de carros, mejorar los espacios públicos para la recreación y ofrecer transporte público gratis.

Madrid eligió la época navideña para realizar el experimento de prohibir el ingreso de vehículos. La Gran Vía se convirtió en un paseo para miles. El resultado fue positivo respecto a la disminución de las emisiones. Las de óxido de nitrógeno bajaron en 38% y el dióxido de carbono en 14,2% (QB3, 2018).

Otras ciudades alrededor del mundo que se unen a la revolución, en pro del aire limpio y espacios para las personas en las ciudades son Oslo, Chengdu, Hamburgo, México, Berlín, París, Londres, Bogotá y San Francisco (Gardfied, 2018). Copenhague y Bruselas se posicionan en el primero y segundo lugar como ciudades de Europa con mayor espacio libre de carros, según el mismo autor.

Tallin, en Estonia, y Dunkirk, en Francia, son las dos ciudades pioneras con el experimento de transporte público gratuito. Dunkirk se convierte en la ciudad más grande de Europa en ofrecer el incentivo y ha registrado un incremento de usuarios entre 50% y 80%, dependiendo de la ruta. Según la organización Citizens Taking Action (2019), es una tendencia que crecerá en el mundo.

Reinventarnos es natural

Busquemos tres fotografías de diferentes momentos de nuestra vida. Son muestras de la reinvención natural. Hacemos de nosotros mismos una persona diferente constantemente.

En estos tiempos, necesitamos la reinvención natural y la intencional. La intersección entre lo que disfrutamos vivir, lo que nos entusiasma hacer y en lo que destacamos es el espacio para la reinvención.

> **Nuestra contribución es necesaria.** *Carmen nació hace más de cien años y ha sido artista toda su vida. Los últimos sesenta años ha pintado diariamente, aun cuando vivió en París y sus pinceles enloquecieron.*

Carmen produjo una vasta colección que solo algunos de sus amigos y familiares conocían, hasta que fue descubierta y expuso sus obras a los 94 años. Sus obras han estado en las mejores galerías. Los mejores museos del mundo quieren sus piezas estilo *hard edge*. Algunos dicen que su arte tiene «precisión espiritual» dentro del movimiento minimalista geométrico. Ahora se reinventa como Carmen la artista reconocida y protagonista. Sigue pintando...

Reinventarse es innovar

Ante una pregunta sobre arte, Carmen Herrera contesta: «El artista no puede opinar sobre el arte, tiene que hacer arte sobre el arte». De la misma forma, las personas innovadoras no explicamos la innovación con palabras, nos convertimos en innovación.

Steven Pressfield (2013) afirma, en su curso sobre *The war of art*, que cuando las personas tenemos un sueño, surge una resistencia interna de la misma proporción del sueño. La resistencia surge cada vez que deseamos pasar del plano actual a otro mayor. Es una fuerza natural, la llama también *la sombra del sueño*. Estar conscientes de esa resistencia es el primer paso para que desaparezca. El segundo paso es empezar con la meta más simple posible.

Reinventarse empieza con nuestras relaciones

La primera fase de la reinvención necesita que la relación con nosotros mismos transite su mejor momento, que nuestra historia la pensemos como poesía de logros, de agradecimientos y de potencialidades.

La segunda fase se nutre de las relaciones. El psicólogo Darren Hardy (2011) indicó: «las personas con las que más compartimos determinan 95% de nuestro éxito». Jim Rohn expresó: «somos el promedio de las cinco personas con quienes más compartimos» (Overflow, 2020). *Colead* es la capacidad de inspirar, de crecer y de reinventarse con los demás, con personas conocidas y desconocidas; sin fronteras, pero con sentido.

Conclusión

Hemos recorrido algunas esquinas de esta época de transformaciones aceleradas para descubrir retos, oportunidades y horizontes. Llega el momento de mirarnos en el espejo de las posibilidades. Reinventarnos de forma natural puede ser la mejor forma de crear una vida extraordinaria.

El tiempo parece ser el secreto de todo bienestar. Los seres vivos seguimos creciendo y cambiando al mismo ritmo, biológicamente, mientras que nuestras otras facetas tienden a evolucionar a otra velocidad.

Podemos invertir nuestro tiempo buscando tiempo para todo, sin encontrar suficiente. También podemos vernos en el espejo de las posibilidades y reinventarnos. En la segunda parte de esta propuesta, tendremos un menú de opciones para poner en práctica las codestrezas y reinventarnos a fin de liderar la reinvención de nuestras organizaciones.

Dicha segunda parte de esta serie se dedica a los pequeños cambios que nos permitirán crecer de forma individual y colectiva, es decir, los pinceles y colores para cocrear nuestra vida extraordinaria: una vida feliz.

Las prácticas para desarrollar las codestrezas requieren pasos cortos que nos llevan lejos. tendremos un menú de *hacks* o ajustes que nos darán sintonía para covivir, cocrear y coliderar la mejor vida posible.

Era una mañana de agosto. El bosque intentaba borrar el sendero por el que caminaban cuando el guía los detuvo y señaló a un lado donde se observaba una gran huella de oso, estaba clara y descubierta, probablemente el oso andaba cerca. Era hermoso sentir una presencia extraordinaria cerca. Luego, bajaron flotando sobre el río y más tarde remaron hasta el glaciar. Frente al glaciar, todo era extraordinario.

Esa noche en Alaska, Georgia sintió una mirada que la buscaba. Poco después devolvió la mirada con una sonrisa. El tiempo la miró a los ojos ese día... el día que conoció al tiempo.

Acerca de la autora

Este es el sétimo libro de la autora.

Lizette Brenes Bonilla es innovadora en serie, conferencista, líder de investigación e innovación y desarrollo, con amplia experiencia internacional. Doctora en Ciencias Económicas y Empresariales, con más de veinticinco años de experiencia. Ha liderado iniciativas de impacto en el ámbito del emprendimiento e innovación social.

También, es autora de más de treinta artículos de opinión y seis textos universitarios. Es fundadora del Observatorio Mipyme y catedrática de la UNED.

Fuentes consultadas

Agnes, M. (2015, mayo, 7). *The Secret to Successful Crisis Management in the 21st Century* [Archivo de video]. Recuperado de
https://youtu.be/VQGEPEaEWtg

Álvarez, C. (2017). La fotografía y el impresionismo [Mensaje en blog]. Blog Impresionarte. Recuperado de
http://conoceelimpresionismo.blogspot.com/2013/12/la-fotografia-y-el-impresionismo_9.html

Anderson, C. y Sally, D. (2013). *The Numbers Game: Why Everything You Know about Soccer Is Wrong.* EE. UU.: Penguin Books.

Borges, J. L. (1949). *El Aleph.* Recuperado de
https://www.ucm.es/data/cont/docs/119-2014-02-11-Borges.El%20Aleph76.pdf

Brenes, L. (2018). *Mercadeo Digital para la nueva economía.* Costa Rica: EUNED.

Bulnes, C. y Best, R. (2010). Energía del sol. *Revista Ciencia.* Recuperado de
https://www.revistaciencia.amc.edu.mx/images/revista/61_2/PDF/EnergiaSol.pdf

Bruns, C. (2017). Tech Tattoos. Recuperado de
https://www.carsonbruns.com/research-1#current-research

Carr, A. (2014). Inside *Airbnb* grand Hotel plan. Disponible en:
https://www.fastcompany.com/3027107/punk-meet-rock-airbnb-brian-chesky-chip-conley

Cerf, M. y García, M. (2017). *Consumer Neuroscience.* MIT Press.

Citizens Taking Action. (2019). Free Public Transit is a growing trend, 100+ entirely fare-free networks around the world Ridership increases of between 50% to 85%. Recuperado de http://www.ctariders.org/Free-Public-Transit-is-a-growing-trend---100--entirely-fare-free-networks-around-the-world.html

Conley, C. (2018). *Wisdom at work: the making of the modern elder*. EE. UU. Penguin Random House.

DeGrasse, N. [Dusti Memoli] (2013, abril, 9). *Neil deGrasse Tyson on Photography, Van Gogh, & the Universe* [Archivo de video]. Recuperado de https://highexistence.com/videos/view/neil-degrasse-tyson-on-photography-van-gogh-the-universe/

Dethlefsen, T. y Dahlke, R. (2012). La enfermedad como camino. Un método para el descubrimiento profundo de las enfermedades. España: Debolsilloclave.

Drake, H. (2018). Schrödinger's cat and the paradox of Brexit. London School of Economics. *LSE Brexit 2020*. Recuperado de http://blogs.lse.ac.uk/brexit/2018/12/06/schrodingers-cat-and-the-paradox-of-brexit/

Dulski, J. (2018). *Purposeful: are you a manager or a movement starter*. New York: Penguin Random House LLC.

Thaler, R. (2018). *Behavioral Economics: Past, Present, and Future. The 2018 Ryerson Lecture* [Archivo de video]. Recuperado de https://youtu.be/A1M9VSgsSW4

Lee, K. (2019). Superpotencias de IA: China, Silicon Valley y el Nuevo Orden Mundial. Recuperado de https://www.bookdepository.com/AI-Superpowers-Kai-Fu-Lee/9781328546395?ref=0611&pdg=dsa-19959388920:cmp-8862937091:adg-86528077382:crv-411135277650:pos-:dev-m&gclid=CjwKCAjwxev3BRBBEiwAiB_PWOBqsmpjjZoWEAPpgwlEV7xGo2Vab-y6SUUBOkj6hH0MS_XwvjySzhoCmzQQAvD_BwE#

Clement, J. (2019). Uso de internet en todo el mundo: estadísticas y hechos. Statista. Recuperado de https://www.statista.com/topics/1145/internet-usage-worldwide/

Swisher, K. (2019). Ser dueño de un auto pronto será tan pintoresco como ser dueño de un caballo. Artículo de opinión *The New York Times*. Recuperado de https://www.google.com/amp/s/www.nytimes.com/2019/03/22/opinion/end-of-cars-uber-lyft.amp.html

Neuberg, B. (2005). La historia del *coworking*. *Coworking Resources*. Recuperado de https://www.coworkingresources.org/blog/history-of-coworking

Vallaeys, F. (2004). TED Talk – Mihaly Csikszentmihalyi – Flow. [Archivo de video]. Recuperado de https://youtu.be/I_u-Eh3h7Mo

Feinberg, D. (2015). TED Talks Live. El ingrediente mágico que da vida a las películas de Pixar. [Archivo de video]. Recuperado de https://www.ted.com/talks/danielle_feinberg_the_magic_ingredient_that_brings_pixar_movies_to_life/up-next

Vallaeys, F. (2016). Introducción a la responsabilidad social universitaria. Recuperado de http://unionursula.org/wp-content/uploads/2016/11/Libro-intrpduccion-a-la-rsu-francois-vallaeys.pdf

Dweck, C. (2007). *Mindset: The New Psychology of Success*. New York: Random House Inc.

Foster Wallace, D. [Jamie Sullivan] (2013, mayo, 19). *This is Water - Full version-David Foster Wallace Commencement Speech* [Archivo de video]. Recuperado de https://youtu.be/8CrOL-ydFMI

Fridays for Future. (2019). Fridays for Future. Recuperado de https://www.fridaysforfuture.org

Gardfied, L. (2018). 13 cities that are starting to ban cars. *Business Insider*. Recuperado de https://www.businessinsider.com/cities-going-car-free-ban-2017-8

Global Times. (4 de marzo de 2019). Nation to complete new artificial sun device this year. China. *Global Times*. Recuperado de http://www.globaltimes.cn/content/1140916.shtml

Harbinger, J. (2018). Mary Lou Jepsen and Rob Reid. The future of telepathy and affordable healthcare [Audio podcast]. Recuperado de https://podcasts.apple.com/us/podcast/the-jordan-harbinger-show/id1344999619?i=1000413756021

Hardy, D. (2011*). El efecto compuesto. Multiplicar el éxito de forma sencilla.* Success.

Hawking S. (2015, abril, 29). *Into The Universe with Stephen Hawking the Story of Everything* [Archivo de video]. Recuperado de https://youtu.be/dpma-J68Etc

Human research program. (2014-2017). *One year mission.* E.U. Recuperado de https://www.nasa.gov/1ym

Jain, N. (2018). *Moonshots: Creating a World of Abundance.* EE. UU.: Moonshots Press

Jorgenson, J. (2015). *Created to Create* [Versión Kindle]. EE. UU: Amazon.com

Kotler, S. (2015). Todd Henry with Steven Kotler on Achieving "flow". *Accidental creatives podcast* [Audio podcast]. Recuperado de https://accidentalcreative.com/podcasts/ac/ac-podcast-steven-kotler-on-achieving-flow/

Lamott, A. (1994). *Bird by Bird: Some instructions on Writing and Life.* New York: Pantheon Books

Lamott, A. (2017). *12 truths I learned from life and writing. TED Ideas worth spreading* [Archivo de video]. Recuperado de https://www.ted.com/talks/anne_lamott_12_truths_i_learned_from_life_and_writing?utm_campaign=social&utm_medium=referral&utm_source=facebook.com&utm_content=talk&utm_term=humanities&fbclid=IwAR3Qk9o0Q61Xiu308_f03r1qmVApfLqBxtYpontG2bEQFY58zM852cCWi8g#t-19056

Lyer, P. (2019, June, 02). Strong Link vs. Weak Link. Business world. Recuperado de www.businessworld.in/article/Strong-Link-Vs-Weak-Link/18-06-2018-152268/

Mackey, J. y Sisodia, R. (2013). *Conscious Capitalism*. Boston: Harvard Business Press.

Morin, E. (1981). *Introducción al pensamiento complejo*. Recuperado de http://cursoenlineasincostoedgarmorin.org/images/descargables/Morin_Introduccion_al_pensamiento_complejo.pdf

Mozur, P. (2017, mayo, 23). Google's AlphaGo Defeats Chinese Go Master in Win for A.I. *The New York Times*. Recuperado de https://www.nytimes.com/2017/05/23/business/google-deepmind-alphago-go-champion-defeat.html

Nagy, G. y Lindsay, G. (2018). Why companies are creating their own coworking spaces? *Harvard Business Review*. Recuperado de https://hbr.org/2018/09/why-companies-are-creating-their-own-cotrabajo-spaces

Nerurkar A., Bitton A., Davis R.B., Phillips R.S. y Yeh G. (2013). When Physicians Counsel About Stress: Results of a National Study. *JAMA Intern Med.*, 173(1), 76-77.

Nguyen, A. (2019). Impact Theory Podcast. Amanda Nguyen on How She Changed Sex Laws [Audio podcast]. Recuperado de https://podcasts.apple.com/kg/podcast/117-amanda-nguyen-on-how-she-changed-sex-laws/id1191775648?i=1000434507409

One Health Initiative. (2019). One health initiative will unite human and veterinary medicine in association

wih CROZET. Recuperado de
http://www.onehealthinitiative.com
Organización de las Naciones Unidas (ONU). (2015). El Acuerdo de París. Recuperado de
https://unfccc.int/process-and-meetings/the-paris-agreement/the-paris-agreement
Overflow. (2020). Eres el promedio de las 5 personas que te rodean. Overflow emprende. Recuperado de https://overflow.pe/eres-el-promedio-de-las-5-personas-que-te-rodean/
Palau Pledge. (2017). The Giant. Palau. Recuperado de https://palaupledge.com
Parker, C. (2019, enero, 23). New Zealand will have a new 'well-being budget,' says Jacinda Ardern. *World Economic Forum*. Recuperado de https://www.weforum.org/agenda/2019/01/new-zealand-s-new-well-being-budget-will-fix-broken-politics-says-jacinda-ardern/
Pinker, S. (2018). *Enlightenment Now*. New York: Penguin Random House.
Peterson, H. (2019). Whole food shoppers blast Amazon´s Prime member discounts as the company announces it´s shashing prices. *Business Insider*. Recuperado de https://www.businessinsider.com/whole-foods-shoppers-blast-amazons-prime-member-discounts-2019-4
Pressfield, S. (2013). *La guerra del arte* [Versión Kindle]. Amazon.
Project getaway. (2020). Get more done and get inspired on a tropical island. Recuperado de http://www.projectgetaway.com/

QB3. (2018). Where startups get started. Recuperado de https://qb3.org/

Ricard, M. y Singer,W. (2017). *Beyond the self*. MIT Press.

Rifkin, J. (2018, febrero, 13). *VICE. The third industrial revolution: a radical new sharing economy* [Archivo de video]. Recuperado de https://youtu.be/QX3M8Ka9vUA

Schmidt, B. (2019, febrero, 4). Tesla's free-to-use patents are all about sustainability – and strength. *The Driven*. Recuperado de https://thedriven.io/2019/02/04/tesla-patents-free-to-use-sustainable-strength/

Serling, Rod (1959). Where is Everybody? *The Twilight Zone* [serie de televisión].

Social Insurance Institution of Finland. (2019). Preliminary results of the basic income experiment. Finlandia. Recuperado de https://www.kela.fi/web/en/basic-income-experiment-2017-2018

Start-up (2018). La Villa Bonne Nouvelle (La Villa de las Buenas Noticias). Recuperado de https://startup.orange.com/fr/la-villa-bonne-nouvelle/

Sternberg, E. (2016). NeuroLogic: The enthralling story of the unconscious mind. *New Scientist*. Recuperado de https://www.newscientist.com/article/2076606-neurologic-the-enthralling-story-of-the-unconscious-mind/

Swisher, K. (2019). *Owning a Car Will Soon Be as Quaint as Owning a Horse*. Recuperado de https://www.nytimes.com/2019/03/22/opinion/end-of-cars-uber-lyft.html

The ACE program. (2018). San Francisco and Silicon Valley. Recuperado de http://riacevents.org/ACE/california2018/san-francisco-and-silicon-valley/

The British Newspaper Archive. (2013, diciembre, 6). *The World's First Automatic Road Traffic Signals – Westminster, London, 10 December 1868*. Recuperado de https://blog.britishnewspaperarchive.co.uk/2013/12/05/the-worlds-first-automatic-road-traffic-signals-westminster-london-10-december-1868/

Thorpe, D. (2019). Why China leads the world in indoor farming. Recuperado de https://www.smartcitiesdive.com/ex/sustainablecitiescollective/chinas-indoor-farming-research-feed-cities-leads-world/409606/

Tolle, E. (2018). *Finding Balance*. Recuperado de https://www.eckharttolle.com/questions-for-eckhart-finding-balance/

Get your guide. (2019). Bali: tour de un día completo con lo mejor de Instagram. Recuperado de https://www.getyourguide.es/bali-l347/tour-de-instagram-de-bali-los-lugares-mas-pintorescos-t162114/?referrer_view_id=201d51f8373435c97bb4ea22c20bcc07&referrer_view_position=0

Wemaëre, A. (2019, febrero, 25). Oscar-winning documentary spotlights stigma of women's periods in India. *France 24*. Recuperado de https://www.france24.com/en/20190225-india-oscar-winning-documentary-period-end-sentence-stigma-menstruation-zehtabchi

Whole Foods Markets. (2015, diciembre, 1). *The history of Whole Foods Markets* [Archivo de video]. Recuperado de https://youtu.be/AQraMrwThac

Wolcott, R. (2017, May, 9). Hackers, Empathy and Neuroscience: A Conversation with Moran Cerf. Forbes.

Worldometer. (2019). Worldometer. Recuperado de http://www.worldometers.info/

www.ingramcontent.com/pod-product-compliance
Lightning Source LLC
Chambersburg PA
CBHW071407210526
45465CB00001B/284